瑜伽的福音

Satguru Shri Mahayogi Paramahansa 的教導

MAHAYOGI MISSION TAIWAN

將此書獻予

Satguru Shri Mahayogi Paramahansa

我們謙卑地頂禮在您的蓮花足前
捨棄自我
接觸並蒙受上師教導
何等有幸

Satguru Shri Mahayogi Paramahansa

關於上師
Satguru Shri Mahayogi Paramahansa

「與普世的真理合一」──「瑜伽」這個詞彙的真正意思，是指這樣的真實境界。Satguru Shri Mahayogi Paramahansa 在真正的意義上成就了瑜伽，是活在現代的上師。世上出現這樣的大師是非常難得的。像 Shri Mahayogi 這樣的存在，還有他實現圓滿真實開悟這一點，不只在這個時代，從人類的歷史來看也是非常稀罕的事。在八歲這樣的年幼時期，沒有任何前兆，Shri Mahayogi 自然地體驗了無分別三摩地（nirvikalpa samādhi）。他由此覺醒於真實的意識，了悟了至高的真我。那時，不僅是「瑜伽」這個詞彙，他甚至連「開悟」一詞都沒有聽過，更遑論被給予靈性修行的詳細內容或指導。即使如此，上師仍到達了真實──真正自己、阿特曼（Ātman）的開悟境界。

所謂的覺醒，是一種體驗，是從睡眠中醒過來的真實感受，不僅僅是言語上的知識而已。就像瑜

伽的開悟這樣的合一境界，在聽過這個詞彙之前，上師就已體驗過，未曾有過外部任何的引導。依循著內在的指引，上師自然地開始了靈性修行。在覺醒的經驗中度過孩童時代後，這位天生的瑜伽行者（yogi）在沒有看過任何示範下，自己親身開發並領會了各式各樣的體式。許久之後，才知道那些動作叫做體位法（āsana，瑜伽的姿勢）。

在十幾歲時期，上師以無比的強度與熱情潛心於體位法和冥想的修行。透過這樣的實踐，瑜伽的奧秘顯現了。另一方面，處於開悟境地使他感覺到，自己實際感受到的真理，與世間人們所經驗的苦惱之間有非常明顯的矛盾。因此上師一天二十四小時都在辨別的冥想中度過，敏銳地看透真理與非真理，藉由如此，完全解開了心智運作的機制與苦惱的根本原因。亦即，明瞭業（karma，因果）的法則，也知曉了所有痛苦的原因，歸結到底，痛苦是由不知道真實的無知所產生的。

Shri Mahayogi 成長於京都城鎮。這座古都充滿了佛教寺院，祭祀儀式與傳統仍存在著。然而，上

師對這樣的周遭環境毫無興趣，他只是想要找到佛陀這個人了悟了什麼。十八、九歲時，他直接對佛陀的存在本身冥想，在合一的境地之中，非常仔細地確認自己親身所體會而了悟到的內容，與佛陀的「那」是否完全相同。結果，他得到確實的證明——自己的開悟境界是真正的，而且與佛陀所了悟的境界毫無差別。

1972 年，上師聽聞「瑜伽」一詞，為了確認瑜伽是否還存在於印度，以及自身所實踐的道路是否為自古以來正統的瑜伽，他啟程到印度當地。那時，在印度的土地上，瑜伽仍連綿傳承著。他確認了自己在孤獨之中走到的極致道路是正確的，而且是真實的瑜伽。此趟旅程歸來，上師知道了《瑜伽經》的存在；當他讀到「瑜伽是心智作用的滅止」（《瑜伽經》1.2）這一節時，理解到自己已經到達終極的瑜伽境界，而其餘經文所述說的事情，也都經驗過了。

此時 Shri Mahayogi 已藉由智慧瑜伽（jñāna yoga，真我和非我的辨別）、勝王瑜伽（rāja yoga，心和普拉那的控制、滅止）到達開悟的實現，然而修

行仍持續進行著。各種修行，對上師來說是完全沒有必要的事情，即使如此，他仍實行且完全領會了行動瑜伽（karma yoga，無私的服務）、奉愛瑜伽（bhakti yoga，對神的愛）、昆達里尼瑜伽（kuṇḍalinī yoga，在普拉那所形成的細微體裡，使女神與絕對神合一的神秘行法）。這些體驗帶來了一個確實的證明：所有的道路都會到達唯一真理。那時上師或許沒有意識到，後來回想起來，像這樣去嘗試所有的修行，一定是為了日後引導人們朝向真我的開悟而做的。「真理是一，但有多條道路。」這句古代聖言，毫無疑問地，由 Shri Mahayogi 親自證實了。

真理是普世性的，不依附於特定的國家、教義或任何宗教。Shri Mahayogi 顯現於日本，在地理方面上與印度精神傳統隔絕，這件事正表現了真理的普世性。更進一步地說，於純潔無垢的孩童時期發生完全的覺醒，這樣的事實也顯示著：對於了悟真理，知識或技術是毫無必要的；比那些更重要的、最不可欠缺的是純粹而沒有執著的心。Shri Mahayogi 不是專職的神職人員，也不是僧侶，

不屬於任何教團，也不住在寺廟或神社。對於了悟真正的自己，完全不需要特殊的環境。上師以那樣的方式出生、活著、現在存在於我們面前，這每一件事都是祝福。因為我們可以親眼看到，即使在各式各樣的環境下生活著，真理是普世性的，是任何人都能觸碰的。這份幸運，人們透過上師的存在就能得到。

Shri Mahayogi 的教導闡述自對真理的直接體驗。那不僅是自遠古以來的智慧，擁有完美調和的普世性，而且以最必要、最適合的形式傳授給每一個接受教導的人。Shri Mahayogi 的教導裡揉合了充滿啟發又無法被定型的話語，為我們帶來對真實、真正的自己的新鮮覺察，令人驚豔的引用或比喻則幫助我們掌握「那」的本質。然而上師最為尊貴的引導，是在沉默之中，透過上師自身的存在所賜予的。從上師盈滿慈愛的眼神——上師的神聖注視（Guru-darśana）所賜予的祝福，引導我們朝向真正的覺醒、開悟。

Shri Mahayogi 顯著而獨特的表達，不只是停留在

以語言給予求道者的教導或無言的引導而已，甚至展現在對藝術表現的興趣與卓越才能上。他以書法、繪畫、海報和劇場公演等形式，巧妙地表達出他所領會的開悟境界。Shri Mahayogi 曾言，藝術本來即源自於從內在湧現出的熱切渴望，那個渴望是想要將自己奉獻給神、世界的本質、眾生的本質。正因為如此，上師能夠從人類生活姿態展現的純粹信仰裡，看見真正的美、真正的藝術，看見這個世界本身即為美好的神的顯現。上師說「人生即舞台」、「這個世界是神的遊戲」。我們真正的自己，也是神，只是為了在喜悅中遊戲，而顯化成各式各樣形體。這正是上師所教導的「神的遊戲（līlā）」。極致而美妙的神的遊戲，展現了上師了悟到的瑜伽境界。

Satguru Shri Mahayogi Paramahansa 無論在言語、行動、生活姿態，以及他珍貴的存在，都是活出「一」的瑜伽境界的體現者。

---

* Sat 意指真實，guru 為上師，Shri 是尊稱，Mahayogi 意指偉大的瑜伽行者，Paramahansa 則是偉大聖者的稱號。

日文版初版序

在象徵現代繁華與虛榮的大都會，紐約市格林威治村的一角，有個被稱為隱修洞（Cave）的空間。這個充滿柔和光線、滿溢透明感的小小空間，比任何宇宙都還要遼闊深遠。身處這個空間的每個人，一定都會忘了時間的流逝，感覺返回遙遠的自己。

1996 年的初夏，Satguru Shri Mahayogi Paramahansa 應兩位弟子的邀請來到紐約。抵達翌日，人們為了領受 Shri Mahayogi 的神聖注視（darśana），開始拜訪隱修洞。瑜伽教師、學生、僧侶（swami）、為難治之症而苦的人、求道者們，大家只是坐在 Shri Mahayogi 的面前，就會感受到不可思議的平靜。大家解決了到當時為止所背負的問題或疑問，得到療癒，並喚醒了自己的存在的珍貴性。

不久後，他們為了讓更多的人們領受 Shri Mahayogi 的教導，費心安排了為某個瑜伽中心的教師所辦的講座和一般公開的真理問答（梵文為 satsangha，

意即神聖的集會）。並且因應人們的熱切期望，開設了體位法與冥想的固定課程，促使更多人得以參與。

真理問答與冥想課程一直都是在深深的安詳之中舉行，人們深受 Shri Mahayogi 的真正智慧、愛與他的存在本身吸引。課程結束後，總是充滿著美妙的寧靜，人們幾乎忘了要站起來或離開，只是持續注視著 Shri Mahayogi 盈滿永恆的眼眸。

縱然時間轉瞬即逝，這段日子裡仍誕生了許多美麗的故事。

從那之後一直到 1998 年的秋天，Shri Mahayogi 在紐約所闡述的，如珠玉般珍貴的教導，由一位弟子如實地記錄下來。

Satguru Shri Mahayogi Paramahansa 從其所闡述的永恆普世真理之中，親自摘錄、編輯了精髓部分，這本書於是在 Shri Mahayogi 的監修下，製作完成。

與現代的我們活在相同世代的至高尊者所活出的
教導，不只為當下的提問者而述說，也深深打進
我們胸口深處。人類原本就沒有東西方之別，心中
苦惱如果是相同的，真理也是相同的，真理是一。

至高開悟者的教導不受時空限制，滋潤萬物。
真理的普世性教導使我們覺醒於真理，
希望我們都能實現存在於自身之內的真實存在！

1999 年 4 月 16 日
Mahayogi Yoga Mission（京都）

台灣版序

真實的智慧是普世性的，它不受時空限制，也不
因人而異。每個靈魂心中都渴求著真實。「真正
的自己」究竟是什麼？又要如何實現呢？這或許
是人類一生中最大的謎團。

《瑜伽的福音》日文版於 1999 年問世，隔年出版
了英文版。其中記錄著了悟真實的瑜伽行者親口
解說的各種瑜伽知識，無論是心的組成與運作、
冥想及體位法的要訣，甚至關於神與信仰、純粹
的愛等抽象命題，都有細緻的解答與指引。

2017 年春天，Satguru Shri Mahayogi Paramahansa 第一
次來台，舉辦了幾場精彩的真理問答，那是第一次，
在台灣這片土地有了神聖的足跡。Shri Mahayogi 親
身解說，以溫暖的瑜伽智慧回應無數迷途的心靈，
深深感動熱切尋找答案的人們。

隨著台灣的練習者對真理的渴望與日俱增，《瑜

伽的福音》中文版終於在今年完成，除去語言帶來的障礙，為華語圈的瑜伽學習者開啟了一扇大門，讓大家可以更直接理解教導，碰觸瑜伽的核心，時時閱讀以融入每天的修行。

《瑜伽的福音》是一本什麼樣的書？坊間或許已經有成千上萬的瑜伽書籍了，為何《瑜伽的福音》如此重要、一定要出版呢？

也許，瑜伽兩字引起您的興趣，因而翻讀了此書。那麼，您可能已經在瑜伽墊上經歷過一段練習，或許也曾在各版本的《瑜伽經》、《薄伽梵歌》等經典裡研讀古老智慧，卻不知如何與現代生活連結。

或者，您對於生命的變幻無常感到疑惑，曾試著探問：我是誰？我從哪裡來？痛苦又是從何而來？可有永恆的幸福存在？上述問題的答案，都在《瑜伽的福音》裡。

瑜伽發展幾千年來，已形成龐大的體系，其中又發展不同派別，究竟要遵循哪些教導、又要如何

遵循，往往會讓瑜伽學習者感到困惑。然而，跟我們一樣活在現代的 Shri Mahayogi 透過他親身的體驗，領會瑜伽的真諦，領會何謂真理、真實，他完全掌握了瑜伽的精髓，因此能以精練的話語深入淺出地闡述瑜伽深刻的內涵。他已為學習者略去旁枝末節，留下最重要、最核心的部分。可以說，在瑜伽修行的道路上最需要學習的教導，都已經收錄在這本《瑜伽的福音》裡了。

「瑜伽」並不是一種運動，不是讓身體做不同的姿勢而已，瑜伽會出現，來自於人類開始探問：我是誰？我為什麼出生？這個世界是什麼？世界與我之間是什麼關係？活著的意義是什麼？我們活在這個世上，經驗各式各樣的發生，也經驗著生、老、病、死，在人生某些時刻，或許都曾思索過上述這些問題。往昔的修行者們深刻地探尋這些疑問，最終找到了答案。他們了悟「我」的本質，解開所有疑惑。

這幾年整個世界有了巨大的變動，各種意外與未知的遽變令人措手不及，心靈常受到外在的波動

而動搖，原本就難穩定的心一旦隨波逐流，很快便會陷入迷惑的漩渦中，學習真理不只是回應內心的疑惑，更是為了活出生而為人最重要的使命。

因此，越是紛亂的世界，真實的教導就越顯得彌足珍貴，我們何其幸運能與開悟的聖者存在同一個時代，親讀他的教導、感受他的風采，如今這本答案之書已來到眼前，邀請您一同閱讀思索，讓瑜伽的智慧一點一滴滲入日常，一步一步找回內在的力量，實現真實的人生。

閱讀經典是學習真理的重要方式，藉由理解教導、加深辨別，進而改變固有的想法，將執拗的慣性軟化、鬆動，最終能自然而然放下執著。研讀開悟者的話語，也像是一步步朝他靠近，光是透過文字，就能被他散發的喜悅所感染、治癒，讓原本晃動不安的心，回歸到最初的平靜與輕盈。

《瑜伽的福音》中文版得以面世，是因為上師的恩寵與祝福。在此向上師 Shri Mahayogi 獻上無盡的感謝，也希望我們能盡最大的努力，讓《瑜伽

的福音》到達更多人的手上，讓更多人藉由《瑜
伽的福音》認識真正的瑜伽，並以實現真實的自
己作為今生的使命。

《瑜伽的福音》中文版編輯小組

2022 年 11 月 23 日

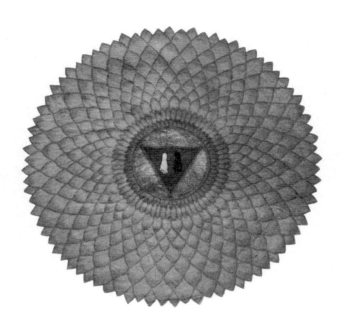

千瓣蓮花（*sahasrāra cakra*）

前言

一提到「瑜伽」，或許大部份的人聯想到的會是一些伸展和彎曲身體的動作。事實上，這只是瑜伽知識中很小的一部份，瑜伽體位法或說哈達瑜伽的練習讓我們調整了身體、呼吸及心的狀態，使我們能更容易地進入更細微的瑜伽探求——探求真實。

「真實」聽起來很抽象，卻是普世性的、是超越時間及空間的探問，關乎真正的我是誰？我要怎麼活著？面對如此的大哉問，人類很早就開始思考，並發展出完整的系統，這些都記載在如《奧義書》、《瑜伽經》或《薄伽梵歌》這樣的經典之中。然而，突破這世界的二元對立、個人的認知及錯誤想像的最快方式，即是向一位開悟的聖者請教，並得到聖者的祝福。

自從 2008 年讀完《一個瑜伽行者的自傳》之後，我心中一直渴望遇到這樣一位可以教導所有瑜伽的知識，並引導我向真實前進的聖者。沒有讓我

等太久，五年之後即遇到了 Shri Mahayogi，這個相遇令我最震撼的莫過於，聆聽著他的教導，不禁令我自問：我有多認真想要學習瑜伽呢？就像本書第四章有一篇〈你有多認真？〉提及：「『在這一生裡，真正想要的是什麼？』、『我到底是誰？』……我們是永恆的靈魂，不應該滿足於這樣有限的生命。沒有必要困陷於人生裡渺小的成功或失敗。幸福或不幸之微小，尚不及塵埃。」

瑜伽中有著巨大的寶藏，難道我就只滿足於獲得身心偶爾的平靜？

在這之前，我就像這篇所說的，似乎擁有了足夠關於開悟、瑜伽的知識，並自認是個認真的尋道者，持續學習經典、參加研習或出國閉關，然而現在回頭看，這些都只是智性上的理解，生活中仍是煩惱頻生。瑜伽的教導如何從抽象的概念、書中的文字進而真正轉化我們的生命呢？Shri Mahayogi 說開悟是「親身領會」，是用整個身體去實現的。因此要認真地面對自己的生存姿態，及每一天、每一瞬間的生活方式。

具體究竟要如何做呢？《瑜伽的福音》在卷首收錄 Shri Mahayogi 親自撰寫的〈瑜伽精髓〉一文，向我們展現偉大瑜伽脈絡的樣貌。接著以七個章節、共 103 篇娓娓道來，裡頭有詳細講解的瑜伽知識、有發人深省的故事、有意簡言賅的當頭棒喝。對於許多重要的議題，Shri Mahayogi 沒有用迂迴、避重就輕的方式帶過，反而是清晰地、肯定地、充滿力量地帶給讀者有關瑜伽的全方位視野。閱讀本書，如親見聖者，一個探問者若是能深入這些內容並加以實踐，一定能看破這世界的二元對立及錯誤想像，進而了悟「真實」。

最後，感謝台灣的編輯團隊成員們在本書出版 23 年後的今日將此書翻譯成中文，讓 Shri Mahayogi 充滿啟發性的教導能傳遞至中文世界。相信本書的出版對於台灣、甚至是整個中文世界的瑜伽學習者來說，都是一份相當珍貴的禮物。

Prasadini

2022 年 11 月 23 日

目錄

*   *   *

瑜伽精髓

人類歷史上最古老的宗教聖典 ——《吠陀經》
（Veda，意指知識），神格化了擁有絕對的威力、
支配萬物命運的大自然，大部分的內容充滿了宗
教性的情感，並透露了知識上的好奇心。為了謀
求今生和來世的利益，人們必須與難以取悅的眾
神達成協議，由婆羅門（brāhmaṇa，祭司）舉
行獻祭與祈禱的儀式祭典。獻祭與祈禱必須一絲
不苟地、嚴格周密地進行。帶來的結果是，儀式
的行為和意義更勝過供奉的神，而咒力及其保有
者——婆羅門擁有了絕對的權威。

與此同時，先知（ṛṣi，開悟的聖者）一直思索著
眾神權限的祕密，透過直覺，洞察了宇宙的根本
原理：
「大宇宙的真實存在——梵（Brahman），與真正
自己的阿特曼（Ātman，真我）相同，兩者為一。」

先知的這段高聲宣言在《奧義書》，亦即《吠檀多》（Vedānta，是吠陀的極致）之中格外閃耀光輝。

去辨別真實（真我）和非真實（世界）、棄絕這個世界而了悟真我，此稱為智慧瑜伽（jñāna yoga），智慧瑜伽士（jñāna yogi）也被稱為 jñānī（智者）。

然而，詳細揭明介於真實與非真實之間的法則，且做到完全克服非真實一事，則必須等到瑜伽行者（yogi）或佛陀（buddha，開悟者）的出現。

瑜伽行者或佛陀捨棄了當時多數信仰的獻祭祈禱和肉體上的苦行，專注於觀察心智。謹慎地調整身體、呼吸和意識，進入心智的深處。因此他們揭開了業（karma，行為的因果作用）、印記（saṃskāra，潛意識的殘存印象）、煩惱（kleśa）、無知（avidyā）等苦惱的原因，以及心智的構造和作用，同時為了讓眾人覺醒於真實存在而闡述真理。瑜伽行者和佛陀間教導的共同特點是，徹底地實踐，心理取向，拒絕形而上的思辨。

一切都在變化，沒有任何事物永恆如常，所有景象為各種條件所製造出的一瞬間的連續變化樣貌，這是這個世界的實際面貌。當心涉入這樣的現實表象，自我意識會想要把世界佔為己有。亦即，在經驗的領域裡，自我（心）期望能建立起自己的世界。雖然心充滿著短暫的幸福，但還期盼著這份完美能永續恆存。心將世界之物依託為「真實存在」，然而因為世界不停變化，並非永恆如常（諸行無常），要從中找到不變的「真實存在」是不可能的（諸法無我）。所以結果是痛苦（一切皆苦）。

招致痛苦結果的原因在於，視非我（心與身體）為真我，視無常（世界）為永恆、視不淨（不潔）為純淨、視痛苦為快樂（幸福）。這些想法皆非真理，故屬無知。以這些無知為根本原因，產生煩惱：自我意識、對快樂的貪戀、對痛苦的憎惡、對生命的緊抓不放；接著以這些煩惱為起因，產生各式各樣的欲望，這些最終是痛苦。只要還存有無知這樣的根本原因，就會結成名為「苦」的果實。

這樣的因果作用可以比喻為種子與果實。那終將結出的果實，早已存在於種子之內，埋入心智這塊田地中的思想就像種子（印記），有一天會結出果實（業）。果實的味道是甘甜或苦澀都取決於種子，果實是較粗糙的顯化，而種子則是它更為精細的形式，換句話說，果實早已經存在於種子之內。不論是幸與不幸，一切皆由心智所產生。

為了遠離痛苦，應以真理除去無知。不想要被悲慘填滿人生的人、明智的修行者必須將這個法則銘記於心，調教行動、言語和念頭等全部行為。

在此，沒有絲毫咒語式的教義或脆弱的情緒性信仰等要素，只以真理為基石，這正是宗教的本來樣貌，如此方能永恆且普世。

很快地瑜伽的名聲形成穩固的地位，「瑜伽」成為了「開悟」及「通往開悟之道路」的代名詞。由帕坦伽利（Patanjali）所編纂並傳遞的瑜伽根本經典《瑜伽經》，將其哲學根植於「數論」

（sāṃkhya，印度哲學之一派）。根據數論，宇宙由兩個原理所形成，其一稱為普魯夏（Puruṣa），為真我、純粹意識或稱作阿特曼，另一個稱為普拉克提（prakṛti），為「自然」及其根本原因，從普拉克提顯現、開展出心智或物質世界等及二十四個原理。普拉克提包含三種性質（guṇa）：悅性（sattva）以愉快為本性，具有輕盈、明亮、照明的性質；變性（rajas）以不愉快為本性，具有不安、憂慮、活動的性質；惰性（tamas）以遲鈍為本性，具有笨重、陰沉、隱蔽（黑暗）的性質。藉由這些不斷活動的三個屬性的轉變，心或自然的樣貌也被迫跟著轉變。因此，只要還將真我與心的自我意識視為同物，即無法擺脫痛苦。是以，

「必須滅止心的作用。」（《瑜伽經》1.2）
「此時，作為純粹觀看者的真我安住於自己的原本狀態裡。」（《瑜伽經》1.3）

實際修煉，亦即瑜伽的真正樣貌，由八支行法所構成：

一、**對外持戒**（yama）：控制所有與他人相關聯
　　的行為、語言及思想。

　　1.非暴力（ahiṃsā）：不可傷害一切萬物。

　　2.誠實（satya）：只講述真實，保持誠實。

　　3.不盜（asteya）：不可偷取任何東西。

　　4.禁慾（brahmacarya）：保持純潔。

　　5.不貪（aparigraha）：不擁有必要最低需
　　　求以外之物；不接受禮物。

二、**對內精進**（niyama）：對自己行為、言語及
　　念頭上所做的精進。

　　1.清淨（śauca）：齋戒沐浴、淨化身心。

　　2.知足（santoṣa）：滿足於活著的必要最低
　　　限度需求。

　　3.苦行（tapas）：克服所有身心的二元狀況。

　　4.聖典的學習（svādhyāya）：培養對真理的
　　　理解。

　　5.對神的祈禱（iśvarapraṇidhāna）：對神的
　　　純粹信仰。

三、**坐姿**（āsana）：穩固而舒適地坐著，駕馭身體。

四、**呼吸控制**（prāṇāyāma）：藉由呼吸法駕馭普拉那（prāṇa，氣）。

五、**感官收攝**（pratyāhāra）：把感官從外界拉回來，駕馭感官。

六、**專注**（dhāraṇā）：駕馭心智，專注在特定的對象（真理）上。

七、**冥想**（dhyāna）：心（主體）與客體的本質合而為一的狀態。

八、**三摩地**（samādhi）：主體消失，只有客體存在，可直觀其本質之境地。

熱情且認真的修煉與離欲，會使人產生真正智慧，透過這種辨別的智慧可以除去無知，實現真實存在。這種終極的境界──無分別三摩地（nirvikalpa samādhi，完全專注，沒有任何概念或念頭），或無種子三摩地（nirbīja samādhi，完全專注，沒有種子）──即是涅槃（Nirvāṇa），亦即開悟。

上述勝王瑜伽（rāja yoga，王道，別名為八肢瑜伽 aṣṭāṅga yoga）的修行方法的其中一個特色，是普

拉那的駕馭。普拉那是使一切萬物顯現與活動運作的力量，擔任普拉克提（物質因素）的動力因素。由後世瑜伽行者精深細密地組織架構而成的生理學，依據其內容，小宇宙的身體裡還包含著精微的身體，脊椎中樞裡有中脈（suṣumnā nāḍī，氣的中央通道），其中從尾骨到頭頂有七個脈輪（cakra，光輪，氣的能量中心）。最底下的海底輪（mūlādhāra cakra，原始的脈輪）裡沈睡著昆達里尼（kuṇḍalinī，蛇，根源力的象徵），或稱為夏克提（Śakti，根源力，在神學中代表女神），瑜伽行者藉由喚醒女神，將其拉昇至頂輪（sahasrāra cakra，千瓣蓮花）的濕婆神（Shiva）所在之處，而實現三摩地。為實現三摩地，因此有了體位法（āsana）和生命能量控制法（prāṇāyāma）的發展，它們被稱為哈達瑜伽（haṭha yoga）或昆達里尼瑜伽（kuṇḍalinī yoga），但這些都是以勝王瑜伽為基礎，並以勝王瑜伽為最終完成目標。

單純稱呼「瑜伽」時，是指勝王瑜伽，但後來有另外一個也稱呼為「瑜伽」的流派加入了主流，即為克里希那（Krishna）所闡述的奉愛瑜

伽（bhakti yoga，對神的信仰與愛）與行動瑜伽
（karma yoga，無私的行動）。在其聖典《薄伽梵
歌》（Bhagavad Gītā，神之歌）中，整合了散落在
《奧義書》裡的各種哲學，承襲這些哲學的同時
也賦予新的釋義，因此《薄伽梵歌》成功地獲得
大眾的理解。

克里希那作為神的化身（avatāra）降臨人世，
他對世人闡述「盡自己義務的同時也要放棄該行
為的結果，如此即能擺脫因果束縛」，以及宣告
「藉由奉愛，神會以恩寵（prasāda）庇護奉愛者們
（bhakta）」。對無法實行佛陀或瑜伽行者所要求
的嚴格修行的許多人而言，克里希那的此番諭示帶
來了莫大的安慰，瑜伽成為眾人皆可追尋的道路。

奉愛者透過對神的信仰與愛，品嚐到滿足的平靜，
或是以將神視為主人、自己則是僕人的態度，努
力更靠近神。然而，奉愛者的信仰與愛仍稚氣未
脫，原因在於，其信仰與愛、獻身服務的另一面，
對解脫的願望尚忽隱忽現，神與奉愛者間的差異
依然存在著。奉愛者祈願著更靠近神，想要碰觸、

品嚐到更多。奉愛者的愛開始萌芽，等到成熟之時，就會知曉真正的愛。

傳說記載，克里希那由身為牧牛村落首領的養父母扶養，與牧牛女們（gopī）一起度過青少年歲月；並描繪了養母雅修達（Yashoda）給予了年幼克里希那母親的慈愛，與一起遊戲的牧牛女們之間的友愛以及戀愛。故事中採用了這世界上各種形式的愛，同時也暗示著在奉愛裡的愛的方式。特別是，如同男女間愛的交歡讓人忘卻一切，在奉愛的最高層次裡，心中的一切全部消失，愛著的人、被愛者以及愛三者合而為一，差異不復存在。

其實，他們皆是神的摩耶（māyā，幻象之力，或稱夏克提）所創造出的神的顯現，是神自身嬉戲玩耍的神聖戲劇，亦即神的遊戲（līlā）。

在沃林達文的森林中重複上演官能性的愛的交歡，將克里希那與牧牛女蕾妲（Radha）之間的愛描繪成最為甜美的故事。接著因為克里希那的變心與一些小事，讓蕾妲產生的困惑與（兩人的）分歧

……因別離而瘋狂燃起的愛的痛苦，使蕾妲身心憔悴。愛人（蕾妲）沈醉於想念中，然後起身、徘徊漫步，所到之處都持續看見心愛之人（克里希那）的臉龐，讓她流下豐沛淚水，又使她綻放笑容。在充盈飽滿的愛之中，失去一切意識（心的滅止），只有真正的愛（prema）存在。

對神的愛無止盡地昇華，到達瘋狂。神的愛人熱切地渴望著將自己的一切獻給所愛的「一」，已經不再盼望解脫，不僅如此，更歡喜地去承接他者的痛苦。這裡可以看見瑜伽的極致與理想，出於愛的獻身行動的高貴的奉愛瑜伽，以及最崇高的自我犧牲的行動瑜伽。

王道、智慧、對神的愛、獻身行為的四大河流，各自流動又重疊交匯，流入一片大海——即「真實存在」的至福之海。

Shri Mahayogi Paramahansa
1999 年 4 月 8 日於京都 摩訶瑜伽行者修道院

以下教導由

Satguru Shri Mahayogi Paramahansa

於 1996 至 1998 年間

在紐約的多場真理問答中闡述

第一章

至高真實

真我

肉體由雙親所生，歸於塵土。
心智由無知所生，在開悟中死去。
真實的自己，未曾誕生，亦未曾死亡，
是不滅的、永恆的存在。
那是你真正的自己。
可謂之「神」。

人生的目的

人生的目的，在於實現真理。真理是什麼呢？這是個無法用理智回答的問題，但是，我們可以體驗。其中的智慧和方法就在瑜伽之中。簡單來說，當心安靜下來，可以得知「我就是神」。「靜默而知我是神」[註]，神是存在於一切之中的真實。沒有必要到遠處去找尋，真實就在最近之處。如方才所說，必須要做的是讓心安靜下來。由於長年的習慣，心儲存著各式各樣的記憶。那些記憶藉由煩惱，也就是執著的力量附著在心智上。更進一步說，其原因在於，對於非屬真實之物抱有錯誤的想法和力量。

通常我們會把心和身體認為是自己，但它們並不是真實的自己。真實的自己，是觀看著心的純粹意識。心不是主人而是僕人——就像這個身體把各種東西當作道具使用一樣。正因如此，我們必須學習關於真實的正確教導。各種宗教聖典裡也許教導著真實，人生的經驗也教導著我們，但最完美的教師是一個已經了悟真我的人。請聆聽真

理、思考真理，然後冥想真理。這絕對不是困難的事，因為真實已經在自己之內——現在也是。那份真實不會死亡、也不會變化，只有「那」才是唯一的「真實存在」。

瑜伽自遠古以來一直探求真理。有許多詞彙用來指稱真理：梵（Brahman）、阿特曼（Ātman）、普魯夏（Puruṣa）、伊休瓦拉（Īśvara）……等，除此之外還有許多。然而真理其實不需要剛剛所說的那些詞彙。只有在像現在這樣傳授教導時，才用那些詞彙來指出真理。真理必須被體驗且實現於冥想中，而且這是可能的。

另一方面，對於實踐真理，要注意到必須「每天認真地活著」這件事。不管職業或生活形態是什麼都無妨，不執著即可。然後，請只追求真正必須得到的、必須了悟的，請只追求真理。所以，無論是誰、無論處於怎樣的狀況，都有可能開悟——只要有純粹的信仰和認真的實踐。

註：《舊約聖經》，詩篇 46:10。

阿特曼（Ātman）：全都只是為了那

問：自我中心（ego）有什麼用處呢？

自我中心作為主角來體驗這個世界，是被用來確定這個主角、也就是自我中心本身，究竟是否為真實。

學習以及了解（自我中心）是否為真，然後，隨著進一步探求真實，自我中心將被引領接受自身的死亡與消失。

真正的主人是位於深處的阿特曼，亦即真實的自己，或稱為神。在印度有一句古老的格言是這麼說的：「從大梵（Brahman）到草葉，所有一切都是為了阿特曼而存在。」如果替換成現代用語就是，這個宇宙裡的一切萬物都是為了神，為了那至高的存在而存在的。以科學用語來說的話，所有的複合物都只是為了單體（單一物質），或是說只為了他者而存在。所謂的他者，最終極來說就是神，意指單體。

舉例而言，這棟建築物是由地板、牆壁及天花板所構成的複合物。但是，這個房間並不是為了房間而存在。是的，就像您理解的一樣，它是為了使用這個空間的他者而存在的。道路也不是為了道路，而是為了他者而存在。因為從原子直至宇宙，全宇宙間之萬物都是由原子、分子所構成的複合體，從最小的原子到廣大的空間，一切都是為了他者而存在的。心也是複合物，因為它是由自我中心、智性、念頭或記憶等所組成。心不是為了心而存在，是為了他者而存在，為了身為主人的真正的自己。

還有一個科學上的結論是，「複合物以及組合而成的事件」全部都經歷出生、變化、消失，而單體從一開始就沒有出生，不會消失，也不會變化，只有「那」才是實際存在著。雖然這個世界的眾多表象不斷地改變與消失，然它的本質卻是永恆不變的。那才是我們真正的自己，是神，是真理。請只尋求「那」，然後請去實現。因為「那」就是你自身。

只要消除掉執著就好。如此一來，就能夠真正去

珍惜、去愛這個有限的身體與世界，即使它們終將崩壞。心若能了悟真實、真理，就只有「那」才存在。即使這個世界宛如海浪一樣不斷變化，但那裡存在的，只有大海而已。

真正的存在

問：我要如何在自己之內看見神？

就像是大海與波浪一樣，心會被各式各樣形狀的波浪所捲入——所以心總是看著差異性。但其實只有一片大海存在著。至高無上的真實，沒有形體，沒有姓名，只是存在著而已——只有它才是「實際存在」，沒有出生，也沒有死亡。那是我們的真我，也稱呼為神。那個至高無上的意識，顯化為一切萬物。

我們的心和身體不斷在變化，現在的身體和一個月前的身體已經不一樣。雖然某天身體會腐朽，但我們的本質絕對不會死亡，也絕對不會改變。我們只是不小心遺忘了真我——被捲入心智和身體裡。「看不見的存在」顯現為「看得見的存在」。你應該只尋求那個本質，然後為處於痛苦的人們服務奉獻。「對於飢餓者，給予麵包。對於愚者，給予才智。對痛苦的人們，給予靈性與真實。」

基督教的三位一體

基督教裡所說三位一體，「父」是指根源的神，「子」是寄宿於一切萬物裡的靈魂，「聖靈」則是指純淨的心，這三者是相同的「一」。

你是「那」。

隨著靈性修行的加深，你們將瞭解這一點。

我是我所是

哲學不過是到達終點的權宜之計,智慧僅為消除無知而存在。真理並無法用語言談述,因為「那」是超越一切的。只有「那」才是真實。只有「那」實際存在著。「那」是我們真正的自己。

「**我是我所是**(I am That I am)。」[註]

舊約聖經裡的這一節,神敘述了祂自身,清楚地表達出來了「那」,連「神」這個用語都沒有出現。「那」是神,也是我們的真實。

註:《舊約聖經》,出埃及記 3:14。

第二章

真理

無異

佛陀或耶穌等開悟者都是這麼說的:「你和我是一樣的。」

但是,大家卻總是說:「他們是特別的。」

不覺得不可思議嗎?

你相信哪一邊所說的呢?

佛陀的生平與教導

佛陀誕生為一國的王子。當他出生時,一個預言家來訪然後這麼說了:「這個孩子成年後,會成為支配世界的王者。但是,他若是出家了,會成為轉動法輪的王者。」

國王就像其他的父親一樣,非常恐懼這件事(出家)的發生。炎夏時讓兒子住涼爽的離宮,寒冬時讓他住溫暖的離宮,為了不讓他看到世間的苦而做足各種安排。

某天王子出宮殿時,在四道門外看見了病人、老人、死人以及遠離煩憂的出家人。那天夜裡,趁眾人都已入睡、夜深人靜之時,他帶著一個僕人和一匹白馬離開了宮殿。他對僕人說:「請轉達父王,我已決定出家尋求永恆真理。」聽聞後,白馬因太過震驚而當場死去。

此後,他做了非常嚴苛的苦行,無論當時、過去、甚至是未來都沒有人能與之匹敵。六年後,他瘦

得只剩皮包骨，非常衰弱，一位村裡的女孩向他供奉了一碗乳粥。那時他想：「如果沒有健康的身體和心理，就不可能開悟。」當晚，他在菩提樹下進入禪定（冥想三摩地），與拂曉的金星一起開悟了──實現涅槃（Nirvāṇa）。然而佛陀也預見到當時沒有任何人可以理解這個真理。此時因陀羅神（Indra）從天而降，懇求佛陀：「請您向人們闡述真理，讓他們從痛苦中解脫。」懷抱著對生物的慈悲，佛陀開始宣揚真理。

佛陀的教導裡有一個特點是：「不管是微小的蟲子還是人類，所有一切都是具有佛性的尊貴存在，一切萬物皆平等。」當時印度由婆羅門階級（種姓制度裡最高階的僧侶階級）掌握權力，佛陀是第一個主張「無論是婆羅門或首陀羅（種姓制度裡最下級的奴隸階級）均無不同，人皆平等」的人。有一次，有人詢問：「請問您為什麼不使用梵文呢？」佛陀答道：「我要用誰都能瞭解的語言說話。」

他的教導裡有另外一個特點，就是不使用「神」

這個字。一次，弟子求教：「師父，請問神存在嗎？」佛陀：「我說過『神是存在的』嗎？」弟子：「那神就是不存在嗎？」佛陀：「我有說過『神不存在』嗎？」佛陀是在闡述「真理存在於任何人之中」。

在他逝世之前，一位弟子詢問：「上師，請問還有尚未傳承給我們的教導嗎？」佛陀述說了最後的教導：「我已經將一切教導傳給你們了。現在起請以（真正的）自己為依歸，努力修行吧。見過我的身體的人不代表就是我的弟子，瞭解我的教導的人才是我的弟子。即使發現古代的聖典，也沒有必要盲從相信；不過，若自己親身確認過其正確性，那就可以遵循。不正確的話，就沒有遵從的必要。」

這是他和多數的老師們之間很大的差異。

佛陀發現了到達開悟（即涅槃）之道路，並宣揚其法，是最為偉大的開悟者。他的教導與勝王瑜伽極為相似。

瑜伽與佛陀的普世性教導

在某個意義上，瑜伽不屬於特定宗教，但是瑜伽是一切宗教的本質。佛陀的教導也是如此。佛陀逝世千年後，佛教才傳布到西藏或日本等地。這時，佛陀未曾做過的儀式或其他各種東西都被摻雜進去了。佛陀的弟子們也把自己所做過的修行添加進去，導致教導不再是純粹之物。

在瑜伽裡，仍然保有全然單純的原型，只使用普世性的本質。

佛陀的基本教導

到達偉大開悟的佛陀，他最初的教導如下：一切皆苦。病、老、死，以及出生——為前三者產生的原因，這些是誰也無法避免的四大苦。另外還有四種苦：得不到欲求之物的苦、與所愛之人分別的苦、與憎惡之人相處的苦，以及身體與心不潔淨的苦。這些痛苦導因於欲望，而欲望又源自於自我（ego）及無知。相對於此，另有一個完全寧靜，所有痛苦皆消失的境界——涅槃（Nirvāṇa）。

到達涅槃的方法則是八正道：

　　　1. 正確的見解
　　　2. 正確的思考方式
　　　3. 正確的言語
　　　4. 正確的行為
　　　5. 正確的生活
　　　6. 正確的努力
　　　7. 正確的念頭
　　　8. 正確的冥想

無知

所謂「無知」，是非屬真實的知識與力量。無知有四個種類：

在非屬永恆之物上看見永恆；

在非屬純淨之物上看見純淨；

在非屬幸福之物上看見幸福；

在非屬真我之物上看見真我。

以更容易理解的方式來說，這個身體、這顆心和這個美麗的世界不斷在變化，

不會永遠持續，並非純淨，

短暫的幸福中也包含著痛苦。

人總是把「心」，也就是自我中心（ego）錯以為是自己。

八正道

繼續來談佛陀的基本教導吧。先前曾提到痛苦及其原因；還有提到一個沒有任何痛苦、圓滿的真實世界，稱為涅槃（Nirvāṇa）。接著，佛陀說明了到達涅槃的方法，它分為八個步驟，這是它與勝王瑜伽──別名八支瑜伽（aṣṭāṅga yoga）常常被混為一談的原因。

佛陀所闡述的八條道路，最初是要正確地理解「苦」、「苦的成因」及「涅槃（即真理）」，而且必須以開悟為唯一目標，所以首先要有這樣的基本認識（正見）。然後心會變得充滿正確的思想（正思）。接著會變得只說出正確的言語（正語），為什麼呢？因為言語的產生是因為心裡有原因存在。更進一步是只做善行──正確的行為（正業）。將你的生活整體導向正確（正命），於是你的每一天會正確地越來越協調；佛陀還教導，出家為僧是最好的。下一個階段則是需要莫大的努力（正精進）。即使在顯在意識層面裡已

經像前述調整好了，在潛意識層面裡可能還留有印記（saṃskāra）或是無知，必須連微細的念頭都是正確的（正念）。接著就要有堅定且積極的冥想（正定）。如此一來，即可能到達極高準確度的冥想。

如此，將實現涅槃。

像這樣地，佛陀教導了非常具體的方法，無論是誰，只要持續且堅定不移地實踐，一定會實現涅槃。

婆羅門

人不是依據出身而成為婆羅門,而是依據他的舉
止行為。在古老佛教經典裡記載,許多的婆羅門
稱呼佛陀為「婆羅門」。所謂的婆羅門,意味著
純淨無垢、完全開悟的人。

僧侶的必備條件

純潔。

為實現開悟而努力不懈。

為萬物獻身服務。

僅僅如此而已。

禪的起源

佛陀在生前曾這麼說道：「在我逝世一千年後，我的教導會被這個地方所遺忘。」

事實上，在他去世一千年後，佛教從印度消失，同時也流傳到東南亞、中國、日本。禪宗可說是佛教的復興，將經過千年這樣長久歲月而茫然迷失、流於形式的佛教，再度恢復為佛陀原始的教導。

你們應該知道菩提達摩吧。傳說中他從南印度出發，乘著一支蘆葦渡海到了中國。這個形象時常出現在繪畫中，你們可能曾經看過。六世紀初的中國非常繁盛昌隆，甚至可以說是當時世界上最興盛的地方，就像現代的紐約一樣，當然那時紐約尚不存在。當時的皇帝聽聞有高僧從印度前來，於是謁見了達摩。皇帝問道：「你是誰？」達摩只回答一句話：「不知。」

達摩眼見中國富裕繁華的物質文明，以及流於形式的佛教界，他保持沉默，離開首都，隱遁入西方的崇山。

求道者們造訪他足下，懇求他賜予教導，然而他面向洞窟牆壁一直坐著，連轉個頭都沒有。九年後，一個求道者砍下自己的一隻手臂獻給他。達摩認同這位求道者的真摯，遂傳授教導予他。這是禪的起源。禪的語源來自於瑜伽的 dhyāna——亦即冥想。

涅槃 (Nirvāṇa)

我們的本質是真我，神聖的存在。

心智的喧囂掩蓋了這件事。

我們所做的一切靈性修行，都是為了消除這些雜音。

不管讀再多聖典都無法開悟！

不管再重複唸誦幾次咒語（mantra，或譯為「真言」）

也無法開悟！

雜念停止後的沈默之中，必然會實現「開悟」。

「靜默而知我是神」^{（註）}，這就是涅槃。

註：《舊約聖經》，詩篇 46:10。

耶穌與他的教導

在聖經裡記載的耶穌教導,可以看見靈性有三個層次。
「相信天上的父吧」[註1]這是最低層次,教導對神的
信仰。
其次是「你們將透過我到達父親身邊」。[註2]
這個「我」意指純淨的心。
在瑜伽來說,就是指處於悅性的心的狀態。
教導「我與父親是一體的」[註3],這是最高層次。

註1:約翰福音釋義 5:24。
註2:約翰福音 14:6。
註3:約翰福音 10:30。

你是那

請只相信這一點。

若是一位佛陀──亦即開悟者，不管是耶穌基督
也好、羅摩克里希那（Sri Ramakrishna）也好，他
們現身在這世上，意味著每個人都是「那」。

如果你認為並不是這樣，請把說著「不是這樣」
的那顆心給消除掉吧。

第三章

心

我們的本質

我們的本質是深受祝福且自由的。

除此之外的煩惱和痛苦到底是從何而來的呢？

一切都是心所製造出來的。

因我們本即自由，請盡速消除不自由的痛苦和煩
惱吧。

天堂與地獄

世界上的許多宗教裡都能看到天堂與地獄的概念，但是沒有任何人從那些地方回來報告過。即使如此，人們的心中還是纏繞著對天堂與地獄的鄉愁。

十五世紀時在日本曾經有一位僧侶。一天，一個位高權重的武士來拜訪僧侶，向他提出平時的疑問。「和尚，所謂天堂是否存在？還有，所謂地獄是否存在？」

和尚保持沉默。武士一而再地詢問和尚。漫長的沉默以後，和尚突然用扇子狠狠地敲了武士的頭。當時的日本是以武士為最高階級的封建社會，特別重視榮辱，甚至為此而殺人或是切腹都被認為是正當的事。

所以，武士被敲頭以後，想當然耳一定燃起了熊熊怒火。

「和尚，你搞什麼？」

「這就是地獄啊。」

武士放聲大笑。和尚緊接著闡釋：「對對對，這就是天堂啊。」

就像這樣，天堂與地獄存在於人們心中，所謂的三毒——貪、嗔（憤怒）、癡（無知），製造出地獄。同樣地，束縛也好、解脫也好，都存在於人們心中。

我們的本質是超越所有這些的存在。你可以稱呼「那」為靈魂、純淨意識、阿特曼（Ātman）、或是神，都無所謂。

你就是「那」。

心與四種意識

我們的內心既非恆久也非完美。每個人的內心世界均不相同。即使是同一個人，三年前，甚或一年前都和現在不同，甚至，今天與昨天的自己也是不同的。心，就如同這個世界，不停地在變化。這就是我們用五官所認識的世界。但是，即使將這個世界分割、切碎，或解剖我們的身體，也無法找到真實。為什麼呢？因為它並非屬於物質層面。心盼望著幸福，（而我們）究竟是在變幻無常、不真實中看見幸福？還是在真實中看見幸福呢？

夜裡的夢是反映日常經驗而創造出來的世界，與現實中白天的世界沒有太大不同。為什麼呢？因為兩者皆為心所創造。

瑜伽行者們發現心有四種意識：

1. 清醒時的意識
2. 作夢時的意識
3. 熟睡時的意識
4. 對於前三種意識全然知曉的意識

證據說明了,即使是現在,你的心也正被第四種
意識所觀看著。

平常我們會錯將第四種意識與心智同化,而無法
區分。它看起來跟心智同化了,就像是自己遺失
了自己。這是實現「我是誰」的關鍵。我既非這
個軀體,亦非心智,而是知曉一切的純粹意識。
這個世界裡的經驗,可以說是教導這件事的教材。
目的是為了證悟真實。
我們每一個人皆是神聖的存在。

夢

夢由心裡的潛意識所產生。

潛意識則是由顯在意識所製造。

因此,請在清醒著的時間裡思考著正確的事情,

並請提高你的理想。

業（karma）

業，是指作用與反作用，原因與結果。
也就是「必須收割已種下的種子」^(註)。
今天是直到昨天為止的結果。
今天的原因則會變成明日的結果。
因此，請活出此刻！

註：加拉太書 6:7-8。

業（karma）：苦及其原因

當然，冥想是重要的，但在此之前，必須先學習真理。

（說到）痛苦的原因，一切皆有因。死亡的原因是出生；出生是因為有必須履行業這樣的條件存在；至於為何會製造出業？是源於各式各樣的欲望。這些欲望來自煩惱（kleśa）；而煩惱是出於無知——將非真實視為真實。

所有現代文明病相關的心理層面痛苦，是由於遺失了真理。受傷的時候，僅將傷口掩蓋是沒有辦法完全治癒的。現今西方所說的心理療法，在東方被歸入宗教的領域——這曾經是宗教所扮演的角色。總而言之，僧侶是心理層面的醫生，佛陀曾被稱為「最偉大的醫生」，即可證明這件事。

無論是什麼樣的問題，都必須先理解業的法則——亦即因果業報，自己種下的種子必須自己收割。

這個世界充滿痛苦，有最大的四種苦：老、病、死、生，出生是前三種苦的原因，這些是誰也無法避免的。此外還有四種苦：不得不與所愛之人分離的苦；不得不與所憎恨之人相處的苦；無法得到欲求之物的苦，這個世界無法如我們所願；第四種苦是心念、印記（saṃskāra）不純淨之苦，它是前三種苦的成因。

更詳細說的話，心透過經驗獲得情感上的理解，進而製造出想法。這些想法因應個人的經驗，由不完全的理解與知識所形成。我們心裡所抱持的觀念或知識是不完全的，而這些不完全之物所形成的記憶就是印記，因此，印記是不純粹的。就瑜伽哲學而言，即是《瑜伽經》第二章所寫的五種煩惱：avidyā（無知）、asmitā（自我本位）、rāga（執著）、dveṣa（憎恨）、abhiniveśa（貪生）。首先必須知道這些是這個世界上的現實，我們人類的痛苦都可以歸類到其中的一種。

接著，這些痛苦的原因為何？原因存在於自己心中，因為我們懷有欲望，產生執著後的結果，然

後品嚐該結果——這是痛苦。總而言之，痛苦的原因在於心中的欲望，而欲望又源自印記。要消除印記，只有一個方法：學習真理，然後藉由冥想去消除它。

印記就像冰山的一角，比我們所想的還要深，在心底還存有許多的印記。但如果真切地追求真理而修行，真摯的火焰就可以融化冰山。把所有念頭集中為一道巨浪，這就是對完成瑜伽與開悟的熱情。

印記起源於煩惱，經過長遠的時間所形成，又稱為 vāsanā。vāsanā 翻譯為傾向或習性，就好比在某個容器裡放入大蒜，之後就算把大蒜取出來，容器裡仍然會殘留蒜味。製造出煩惱的原因，則是無知，這些都明確地寫在《瑜伽經》裡，無知分成四大類：把無常視為永恆；把不淨視為純淨；把最後會以痛苦終結的事物視為快樂；把非我視為真我，亦即認為心、自我中心（ego）就是我。

罪惡意識

罪惡是個負面的概念。
雖然有些宗教教導「人帶著原罪而生」，
但在東方，並不稱之為「原罪」，而是「無知」。

煩惱 (kleśa)

業（Karma）的成因來自於煩惱。煩惱可分為五大類：

1. avidyā，即無知，也是其他煩惱的成因。
2. asmitā，認為自我中心（ego）就是自己。
3. rāga，執著於喜愛的事物。
4. dveṣa，執著於逃避厭惡的事物。
5. abhiniveśa，執著於生命。

從我們心中所生的所有欲望，都是起因於這些煩惱，尤其最根本的原因是剛才所提到的無知。

若要說明無知是什麼，即：

– 將非永恆之物視為永恆。
– 將不純淨之物看成是純淨、圓滿的。
– 在不是無上幸福之物上看見無上的幸福。
– 把非我視為真我。

印記（saṃskāra）——潛意識裡殘存的印象

只有真實的智慧，可以消除印記。因此請只專注於真實。

印記總是依附於某些東西，例如心的記憶、普拉那（prāṇa，氣），還有條件。所謂的條件，是指煩惱及無知。在冥想裡出現的真實智慧，會在心的記憶留下「零印記」（將其他印記歸零）。

譬如說，心的記憶就像是底片，上面有許多的影像（印記的記憶）。真實的智慧會消除那些影像。因此沒有必要專注在印記上——因為那些來自於煩惱與無知。接著，若是積極地加深對真理的冥想，心中會開始去辨別——在真實與無知之間。因為印記是依附於無知之上的，它會因此消失。接下來要做的，就是實踐了。

犧牲他者與犧牲自我

問：這輩子功成名就的演員等人物，是因為在前幾
世對其抱有強烈的願望，或是冥想之後的結果嗎？

是的。而且延續著這輩子出生後的想法及欲望，
使其實現。心念會給予方向與力量。這世上的成
功者，在某個意義上是獨裁者，對自己的願望投
注熱情，而犧牲其他。瑜伽行者也只對開悟有熱
情，而對其他事情毫不在意。但是，瑜伽行者會
為他人而犧牲自己。不覺得有很大的差別嗎？如
果您不求周遭的人為您犧牲，而能讓自己為他人
犧牲的話，就能夠成為瑜伽行者。不管是哪一邊，
都需要強大的力量。

工作

雖然世間的人們可能會拘泥於職業的種類，但只要不會傷害別人，其實不管職業是什麼都無妨唷。真正的工作，是「實現自己」。請別在意世間的眼光，更深入地探索自己吧。

僧侶與浪子

很久以前，有一對朋友。其中一個人是僧侶，每天學習聖典與修行；另一個人則每天沉迷於玩樂。

僧侶非常羨慕朋友，朋友則十分尊敬僧侶。

後來死亡降臨到二人身上。僧侶發現自己身處地獄中，卻看到朋友在極樂世界，於是他向神訴說不滿。

「你表面上看起來是個僧侶，但內心卻非如此；而他總是在心中持續懺悔過錯。」神如此教誨。
這說明了，心中的念頭是多麼重要。

僧侶

僧侶這個詞是從梵文的 muni 而來，muni 則與 mauna（沉默）之間有非常相近的關係。還有，所謂的 muni 就像「釋迦牟尼」一樣，有「聖者」的含義。亦即，對於真實以外之物保持沉默並捨棄之，然後確立自己，這才叫做僧侶。在現代，一般所熟知的僧侶，是還未完全成就，為了修行而出家為僧去學習的人；另一方面，一邊從事一般的工作，同時消除掉內在所有執著的人，是克里希那神（Krishina）所教導的「saṃnyāsin（棄絕者）」。僧侶和棄絕者是相同的。一個人如果將頭髮剃光，但仍然掛心世俗之事而有所執著的話，那就不是僧侶；即使和一般人一樣，外表看起來就是社會的一份子，但若在心中消除且棄絕所有內在執著，這個人就是了不起的 muni、聖者。所有的問題都在於心中。總而言之，如果業（karma）要這個人作為僧侶活著，那麼他就會選擇成為僧侶，無論外在或內在。

受苦是機會

一切皆苦,必須盡可能地努力去治癒痛苦。然而
只要在這個世界上還擁有肉身,你就必須接納疾
病,然後正確地理解它、克服它,必須消除一切
的怒氣、藉口與埋怨。

請只用真理或神填滿你的心。喜悅或痛苦等一切
的經驗,都是一種學習。如果理解這一點,就能
了解疾病也是為了讓自己覺察真實,而被賦予的
珍貴機會。

病由氣所生

東方世界有一說：「病由氣所生」。氣（普拉那，
prāṇa）指的也就是心。

痛苦及其原因，以及苦的消除

一切皆苦。不是所有事都能如自己所願。在這世上誰也無法逃避的生老病死四種苦，還有與所愛之人別離、與憎恨之人相處、無法得到欲求之物、心本身的掙扎糾葛等四種苦，這是佛陀的教導。

痛苦來自於執著，執著來自於煩惱，煩惱來自於無知。若要消除痛苦，必須以真理去消除本質為虛妄的無知；無知若消除，煩惱也會消失；煩惱消失的話，就不會有執著；若無執著，痛苦也不復存在。

神

誕生到這個世上的意義，是為了證悟「真理」——
即真正的自己，或是神。您死去後，不會去到天
上的父親身邊。「神」並不是像有些宗教所說的
存在於雲之上。如果神存在，祂就存在於我們一
切萬物之中。我們自身就是「神」。天堂與地獄
無非是心智的產物。

您可能正身處困難的狀況之中，但是，您並不是
這個會受傷、逐漸腐朽老去的身體，也不是一直
動搖變化的心智，而是單純地了解一切、看著一
切的純粹意識。那是您真正的自己。那就是「神」。
聖經裡也寫著「靜默而知我是神」^{（註）}。請正確地
學習、理解並冥想這一點。

註：《舊約聖經》，詩篇 46:10。

瑜伽——痛苦的消除與真實的實現

要經常閱讀聖典，接著要思考、並冥想其中內容。其實，不管是選擇瑜伽或是佛陀的教導，都是為了讓心變得純淨透明。心所堅持主張的東西，並非全都是完美的，因為那些主張都有附帶條件，而且有所依存，那些並非真理。瑜伽是場戰鬥，為探求何謂真實並付諸實現的戰鬥。亦即，到達開悟之前，是與自己本身的連續戰鬥。

真實從最初就存在了。每個人都是那。美麗的月亮有時也會被雲所覆蓋住吧，把雲撥開就好了。

「真實是什麼？」只有這點而已！請去探求與實現！

在這個世界上成功或失敗都不重要，唯一重要的只有「實現真實」這件事而已，亦即去認識真正的自己。這樣做的話，就能理解到一切只有「那」而已。

正確的智慧只有在到達開悟前、無知尚存的時候，

才有存在的必要，因為所謂的開悟，是超越無知，也超越智慧的。這就好比用另外一根刺，去挑出讓我們疼痛的刺。一旦痛苦消除，兩者都不再需要了。

靈性階段

在吠陀（Veda）裡，將靈性區分為七個階段。有一次，拉瑪那・馬哈希（Ramana Maharshi）被弟子詢問：「上師啊，請問您處於哪一個階段呢？」他回答：「Jñānī 在第四個階段。」弟子以為上師處於第七個階段。拉瑪那・馬哈希說道：「因為第四個階段以上是不存在任何努力的境界，沒辦法再說明更多了。」

附帶一提，第一階段是準備好尋求真理的心境；第二階段是為了尋求真理，而做靈性修練（sadhana）、學習聖典及與過去的印記（saṃskāra）奮戰。在第三個階段，印記越來越減少，相反地是由真理佔領了心。第四個階段是這世上所謂的開悟，梵文裡稱之為 turīya。然而，這是從心的角度來看的階段。此時此地本來就存在著開悟！你就是那。差別在於「從真實的角度來看」，或是「從心的角度，也就是無知的角度來看」。我是從真實的角度來看。

何謂瑜伽

瑜伽，就是實現真實，實現真正的自己。

第四章

實踐

身口意

請無時無刻讓你的思想、言語和行動三者保持
一致。

上師（guru）

人生的目的，是領悟、並實現真理。

絕對的真理，即是永恆的實際存在，也是你真正
的自己。

然而，心卻不了解這一點。

因此要藉由外在的真理來照亮心，以消除錯誤。

上師就是真理本身。

所有的經驗也都是老師，但若有上師，就可減輕
與縮短好幾千倍親身經驗的辛勞。

上師帶來自由，而非束縛。

勝王瑜伽（rāja yoga）

勝王瑜伽裡分為八支行法。

（一）對外持戒（yama，或譯為禁戒）是對於他者的行為。在 yama 的五個項目中，最重要的一項，是不能傷害他者。

1. **非暴力**（ahiṃsā）：對於他者（全部的生命）不施加任何苦痛。
2. **誠實**（satya）：不對他人說謊，誠實而正直。
3. **不盜**（asteya）：（從各方面而言，）不偷取任何他人之物。
4. **禁慾**（brahmacarya）：保持純潔。
5. **不貪**（aparigraha）：不拿取最低需求以外之物，不接受他人的餽贈。

遵守「對外持戒」，不僅不會帶給他人痛苦，甚至自己也可以從苦痛中脫離

（二）其次是對內精進（niyama，或譯為勸戒），
這是對自己的行為。

1. **清淨**（śauca）：淨化身體和心靈，並保持它
   們的純淨。
2. **知足**（santoṣa）：了解維持生命所需的最低要
   求（並且滿足於此）。
3. **苦行**（tapas）：克服冷熱、喜不喜歡、愉不愉
   快等所有生理和心理的二元性。
4. **聖典的學習**（svādhyāya）：學習聖典及開悟者
   的教導，培養對真理的理解。
5. **對神的祈禱**（iśvarapraṇidhāna）：誓言開悟，
   對神的純粹信仰。

如果持續實行「對內精進」，身心會顯著地被淨
化，可以確實地往瑜伽成就的方向邁進。

（三）第三個是體位法（āsana），āsana意指坐姿。
坐姿必須是穩固且舒適的，為了達到此點，而開
發了無數的體位法動作，那些動作現在被稱為哈
達瑜伽（haṭha yoga）。

因此，所有的體位法動作都是為了單純的坐姿而存在，連那些像雜技般的動作也都是。

（四）其次是控制普拉那（prāṇa，氣），即生命能量控制法（prāṇāyāma）。
無論是身體或是心智，這個世界上的一切都是由普拉那所運作，它是宇宙能量，或是力量。
在生命能量控制法中，將學習控制普拉那。

（五）其次是感官收攝（pratyāhāra），即感官的控制。
五種感官全是向外接收訊息，這是心容易受外在影響的原因。
因此，感官收攝就像烏龜把頭和腳縮回龜殼裡一樣，把五種感官和心收回來，控制它們。

（六）接下來就是真正的、一般統稱為「冥想」的部分。最初是 dhāraṇā，意即「專注」，專注於真我、神或真理這樣的對象上。換言之，就是把心完全固定在那個對象上、絲毫不移開的行為。

（七）如果更加深專注的狀態，就會自動到達 dhyāna，大家稱為「冥想」的世界。那是心更加滲透進冥想對象的一種狀態。

（八）最後第八項是 samādhi，三摩地，心和冥想對象合而為一的狀態，這和從經驗中所學習到的知識是完全不一樣的。
此時，就能理解對象的本質，這和藉由智能而獲得的知識全然不同。

雖然有無數種冥想的對象，但剛剛所說的三種對象（真我、神、真理）是最重要的。

五鞘說

人由五鞘所構成，亦即 kośa。最外層是由顯而易見的粗大物質所構成，
最內層則由最精細的物質所組成。每一鞘皆由更精細的下一鞘為基礎。

1. **肉體**（annamaya kośa）位於最外層，是顯而易見的粗大物質所構成，由食物所維持。
2. **能量體**（prāṇamaya kośa），從內側支持著肉體。
3. **念頭體**（manomaya kośa），位於能量體內側。
4. **知識體**（vijñānamaya kośa），位於念頭體內側。
5. **福樂體**（ānandamaya kośa），位於知識體內側。

真實的自己，亦即阿特曼（Ātman），存在於上述五層的最深處。

體位法是控制最外層的肉體。
生命能量控制法是控制普拉那（prāṇa，即氣）。
冥想則是控制心智。

體位法（āsana）與普拉那（prāṇa，氣）

身體與心總是很容易受外在影響。藉由體位法、生命能量控制法（prāṇāyāma）與冥想，呼吸的習慣會改變，這會影響體內各處的細胞，並且帶來身體與心的安定。經由這些修煉，普拉那會儲存於精妙的身體裡，身心會被修復進而減少所需的睡眠時間。會產生這些效果，是因為淨化了身體裡日常一直受損的七萬兩千條氣脈（nāḍī，即普拉那流動的通道）。

最重要的氣脈，位於脊椎中樞的中脈（suṣumnā），具有像西方醫學裡的自律神經一樣的重要性。

特別要做到的是，每天從事身體上的修煉、學習聖典、以及冥想，這三者稱為科里亞瑜伽（kriyā yoga）。如《瑜伽經》第二章開頭所寫，科里亞意指實際的練習。

普拉那 (prāṇa，氣) 與氣脈 (vāyu)

普拉那是宇宙的驅動力。

透過普拉那，顯現肉體與心智的運作。

普拉那在身體的小宇宙中轉化為五個氣脈（或稱為風）：

1. **上行氣**（prāṇa）

   從鼻子到心臟所運作的呼吸作用。

2. **平行氣**（samāna）

   從心臟到肚臍所運作的消化作用。

3. **下行氣**（apāna）

   從肚臍到肛門所運作的排泄作用。

4. **遍行氣**（vyāna）

   從腳尖到頭頂所運作的全身循環作用。

5. **上提氣**（udāna）

   從鼻子到頭頂所運作的上升作用。

上提氣只有在兩種情形運作，即肉體死去、靈魂離開身體之際，以及在三摩地狀態中。

下行氣是朝下運作，上行氣是朝上運作。

普拉那在自然的生理活動裡雖是如此運作，但在瑜伽裡則要努力把下行氣朝上，把上行氣朝下，使它們在平行氣的地方合而為一。這是生命能量控制法的主要目的，將分散在體內的普拉那聚合為一，然後通過脊椎之內的中樞氣脈（suṣumnā nāḍī）將之提升。

脈輪 (cakra)

練習每一個體位法姿勢時，（因為固定於同一姿
勢所帶來的刺激，）普拉那（prāṇa，氣）會自
發性地集中在特定的脈輪上。脈輪有七個，它們
大概的位置分別是：尾骨（mūlādhāra）、生殖
器官（svādhiṣṭhāna）、肚臍（maṇipūra）、心臟
（anāhata）、喉間（viśuddha）、眉心（ājñā），
然後是頭頂（sahasrāra）。每個脈輪都有其對應的
生理機能，例如，集中在肚臍附近的體位法動作，
會提升消化機能；下方兩個脈輪對應排泄機能；
在心臟附近的脈輪則對應呼吸，也有取得整體平
衡的機能（喉嚨附近的脈輪對應能量的提升）。
其實，練習瑜伽體位法可以療癒疾病，是因為會
集中在特定的脈輪上。做體位法的時候，可以將
意識放在那裡（脈輪上），或是可以數呼吸數。

體位法的目的，是藉由集中（普拉那和刺激）在
脈輪上，打造出健康強壯的身體。另外很重要的
一點是，拉長每一個呼吸。呼吸越長，面對外界

刺激或心裡欲望時也越不會受其干擾。呼吸變長，代表著心的動搖越來越少。這樣一來，去感覺真理、理解真理及直觀真理的能力也會大幅提升。

食藥同源

藉由正確的飲食及體位法，幾乎所有的疾病都能痊癒。

現代醫療所給予的藥物通常是毒藥。

副作用太過強烈，而且不過是使症狀暫時麻木而已（而非改變整個系統）。

應該要把食物當作藥物來攝取。

進食量

問：聖典記載著「瑜伽行者一天只吃一餐」，這是真的嗎？

是真的，然而那是指過著完全的修行生活的瑜伽行者（如同古代的瑜伽行者）。也有人說：「吃三餐的是動物，吃兩餐的是人類，吃一餐的是神。」但實際上在現代社會裡，若要兼顧工作與修行，只吃一餐是很困難的。我建議大家吃兩餐或三餐，不過份量少一些。

接著有一點想提醒大家。我首次來到美國後，有幾次與這裡的人們聚餐的機會，我很驚訝一餐的份量如此之多。太多了！坦白說，只要一半就足夠了！美國很大，而日本很小。即使這樣，身體所需要的量不應該差這麼多。即使身體真的變小了，仍應該時時刻刻以偉大的開悟為目標。

在份量上，吃越少越接近悅性，吃越多則變成惰性。

人非依麵包而活

大家知道「人並非只依麵包而活，而是依神的話語而活」^(註1)這句話吧。基督曾說：「從口裡進去的東西不久後都會流進廁所裡。」^(註2)、「不要執著在這樣的小事上。更重要的是，請注意從口裡出來的東西。」^(註3)、「您只要說是或不是即可，除此之外的語言都是惡魔，或是發自心的無知。」^(註4)

註1：路加福音 4:4。
註2：馬太福音 15:17。
註3：馬太福音 15:11。
註4：馬太福音 5:37。

飲食

請徹底地去做辨別。你們已經在知識上理解「我是誰」、「人活著是為什麼」，但是請把它當作更加迫切的問題。飲食也應以「為了實現真理，這個身體是必要的，所以進食」這樣的角度來理解。這樣的話，多少是必要的呢？真的一點點就夠了。

這些是我們每天在隱修洞（Cave）[註]使用的餐具。（指著飯碗）稍微盛入米飯到這裡，糙米飯是最理想的。（指著小盤子）這裡則放蔬菜、豆腐或豆製品等，每天變化不同的烹調方式。（指著湯碗）這是味噌湯。味噌湯的食材是蔬菜、海藻等等。有時候是吃蕎麥麵等麵類，那時只要一個麵碗就能解決。大致上是像這樣。

註：隱修洞 （Cave），是 Mahayogi Yoga Mission 於紐約之主要據點，也是 Shri Mahayogi 在紐約之住所。

不殺生（ahiṃsā）

和佛陀同個時期，有一位名叫摩訶毗羅（Mahavi-ra）的聖者，他也非常煩惱這個問題：「即使食用蔬菜，也是會奪走生命。喝水也很可能會殺了水中的微生物。行走或坐在地上也一樣，甚至連呼吸這件事，都會殺害看不見的微生物。」他的哲學結論是「結束個人的生命」。

他做了斷食，了結了自己的性命。他的教導即是至今仍為人知曉的耆那教。

相比之下，佛陀闡述了「自然萬物互相支持著彼此而活」這樣寬大的共生觀。

因此，我們必須要抱持感謝、謙遜以及慈悲。

飲食生活

伴隨著瑜伽的普及，靈性修行者的飲食生活也成為風潮。一方面，健康崇拜流行到歇斯底里的地步，人們被氾濫的資訊與商品所折騰。「不要為生命憂慮吃什麼，喝什麼；不要為身體憂慮穿什麼。」[註1] 這句話是真理，但這要親身體會到「人並非只依麵包而活，而是依神的話語而活」[註2]時，才能開始理解這句話。從古代發展至今的東洋精進料理，首先是把「追求真理」這件事放在心上，它擔任了調節修行者身心的功能。當修行加深，身、口、意達到不動搖，即使只是領悟到真理的一小部分，穿什麼、吃什麼都無所謂了，因為他／她已經不再受任何東西影響。但是在到達那樣的境界以前，如同要謹記真理的正確教導一樣，也必須留意正確的飲食生活。

註1：馬太福音 6:25。
註2：路加福音 4:4、馬太福音 4:4。

性控制的必要性

性與下行氣（apāna）有關連性。

以排泄為機能的下行氣，一直都是往下運作。

使那股氣朝上運作是生命能量控制法（prāṇāyā-
ma）的目的。

特別是性能量擁有強大的力量。

必須將那股力量朝向瑜伽的修行。

駕馭舌頭即駕馭性

問：聖典裡寫著「藉由控制舌頭，就能駕馭味覺與性」，這是真的嗎？

各位都知道聖雄甘地吧。他從少年時期就在英國受教育，他的思考、飲食等等的生活方式都西洋化了。之後當他回到故鄉印度時，驚異於祖國的偉大智慧，改變了一直以來所有西化的生活方式，開始學習瑜伽。對於原本身體就沒有這麼強壯、也有妻小的他而言，相當關心有關飲食、健康的問題，以及與性相關的事情。

瑜伽的實踐確實改變了他的飲食、控制舌頭，同時也抑制了性慾。因此，控制舌頭的話，將同時駕馭飲食與性。禪的教導裡有一個是「調教舌頭是謂法喜」，就是意謂著「舌頭的駕馭即是心的駕馭」。

性能量

如果性能量沒有被消耗掉，它會變成 ojas ——
一種精妙的能量，更進一步會昇華成 tejas 這種閃
閃發光的熱的能量。

性能量是人類所擁有最大的力量。

必須將這種力量用在靈性修行上。

婚姻

即使結婚了，仍可到達開悟。但婚姻之所以被認為是開悟的阻礙，是因為兩個人本來各自有不同的業（karma），業交纏在一起後很容易因此迷失人生目的；另一個理由，是因為所有的能量都為了取悅對方、為了生活而消耗殆盡，這已成為被奴役的狀態。反之，如果兩個人有相同的理想，抱持著信仰，互相協助而持續靈性修行（sādhana），開悟仍然是可能的。結婚不應該只是肉體上的結合。

布施

千年以來，在基督教、印度教、佛教等其他宗教歷史中，布施一直存在。你必須學習為什麼如此。

假設，這裡有人把大部分的薪水花費在維持物質性身體的食物上，卻對靈性食物的花費猶豫不決，這對我來說很難理解。有句話是這麼說的：「人並非只依麵包而活，而是依神的話語而活。」(註)

有一個故事。曾經有一個男人頻繁地造訪羅摩克里希那（Sri Ramakrishna）。他得到很多的指導、又被授予神聖的注視（darśana），但他對此竟然沒有（以布施之名）留下任何東西。有天，羅摩克里希那對他說了：「你經常來拜訪我，獲得很多東西然後回家，卻沒有留下任何東西，這樣並不好。如果沒有錢的話，物品也可以，什麼都好，你應該

註：路加福音 4:4、馬太福音 4:4。

要奉獻一些東西。不這樣做的話，會變成你承受了業喔。」

另外，古代的先知（ṛṣi，聖仙）們所著聖典《奧義書》提到：「因為你獲取教導，所以必須全心地奉獻予我。因為當你獲得證悟之時，（與我合而為一）就不會再存在（奉獻的）接受者了。」

其實造訪隱修洞（Cave）的人也都不一樣，有人留下幾塊美金，也有人留下數十元、數百元美金。人們的收入各有不同，大家對靈性的渴望也各有不同。人們依照各自對靈性的渴望——即認真程度，而放棄物質。金錢是執著的象徵啊！

我沒有想從你們那裡得到任何東西。只要大家在靈性上有所成長，那就足夠了。這並非交易。歸根究底，大家對於金錢過度執著，同時，對於開悟又太不執著了！雖說如此，現今社會已經不能像聖方濟各那樣，在路上把自己的物品到處發給貧窮的人們了。那麼，就應該向寺廟或教會等可以信賴的機構奉獻自己所有。

新年

十五世紀的日本，有位名為一休的禪宗和尚。一休自幼就是非常聰明又充滿機智的小孩。在日本，元旦是一年之始、最吉慶的一天，也是值得慶祝的重要節日。而一休在這一天還是和平常一樣拿著骷髏頭拐杖，走在城鎮中。人們對他說：「為什麼和尚大人您在這麼吉祥的一天還拿著骷髏頭走在路上呢？」一休這麼回答：「新年是通往黃泉之路的里程碑，值得慶祝，也不值得慶祝。」

亦即，在這個吉祥的日子裡，我們增長了一歲，又往死亡更靠近一步。

實際練習

事實上，你能落實佛陀的話語到什麼程度？大家
都帶著某些既定觀念，然後沒有實際嘗試就說做
不到。如果徹底實踐佛陀的教導，一定會得出答
案。大家太容易只以話語或知識就下判斷，連做
都還沒做喔，很容易掉下這樣的陷阱。可以說，
幾乎沒有人會徹底地去確認（佛陀的教導）。當
然，沒有必要盲目地相信，但是真正的問題在於
能夠多大程度實踐佛陀的教導。回溯原點，就會
是「追求著什麼呢」、「到底有多認真」、「實
踐了多少呢」。依我目前所見，幾乎沒有人可以
毫無懈怠地、嚴謹地實踐。

大家不想打破自己的窠臼。即使各種事物來到眼前，
如果自己沒有去突破窠臼，就無法真切地感受。任
何努力都不會以失敗作結，失敗是成功之母。如果
不去嘗試、不去體驗，就無法找到答案。如果還沒
有答案，先保持這樣也沒關係，但大家卻用自己有
限的經驗去下判斷，這才是無法進步的原因。

你有多認真？

你對開悟的熱情還不足夠。只有三天也好，請不間斷地探問：「在這一生裡，真正想要的是什麼？」、「我到底是誰？」活著到底是什麼呢？只是進食、入睡、然後死去嗎？──若是如此該有多麼可怕。我們是永恆的靈魂，不應該滿足於這樣有限的生命。沒有必要困陷於人生裡渺小的成功或失敗。幸福或不幸之微小，尚不及塵埃。我想大家對於開悟或瑜伽已經擁有相當的知識了，但是因為大家只在頭腦裡演練，因此在實際體驗上仍然如嬰兒般（有限）。這是不行的，開悟是「親身領會」，是用整個身體去實現的。是的，沒有身體的話，無法實現開悟。這是誕生於世後，人生的重大目的。在開悟中，身體、心都會消逝無蹤，然而在此之前它們有該扮演的角色。請認真地面對你的生存姿態，以及每一天、每一瞬間的生活方式。

活在當下

每一瞬間,皆是在人生路上的分歧點。
因此,你必須活在當下,而不是過去或未來。
若你想獲得神的救贖,那就必須尋求神。

一期一會

從前，有位男子在前往戰場的途中，探訪了昔日
友人。
朋友請他喝了一杯茶，兩人在沉默中道別了。
兩人共飲的茶裡，百感交集。對於再也不會相見
的兩個人來說，這一瞬間就是一切。
這就是「在瞬間裡看見永恆」。
我們現在的這個瞬間或許也不會有第二次。
這是為何此刻很珍貴。

第五章

愛與慈悲

愛

愛就是奉獻，為了他者的幸福而給出自己。

愛的真諦

有個男人死後，來到黃泉之國，但是死神的名冊上還沒登錄他的名字，便要將他送返人間。他想說既然之後還要來，那先看看黃泉之國後再回去，於是走入了一間宅邸。

宅邸裡有一大群人圍在餐桌前正要吃飯。仔細一看，他們的單邊胳臂被綁在椅子的扶手上，另外一隻手則綁著長長的湯匙。他們嘗試去享用眼前的饗宴，但是怎麼也無法把佳餚送進自己的口中，反而灑落在頭上或是掉落在地板上。這讓他們感到煩躁及憤怒，結果開始爭吵。那個男人想：這裡就是地獄，接著走進下一間宅邸。

下一間宅邸裡一樣有很多人，如同剛才的人們一樣圍坐在餐桌前，手被綁在椅子的扶手上，另一手綁著一根長勺，正要用餐。接著，他們用長長的湯匙將食物送往對方的口中，享用到食物的人，

同樣地回報給對方，眾人皆心滿意足且喜悅。那男人想：這裡就是天堂。

是的，天堂和地獄在於人心。
如果堅持於「我」和「我的東西」，就是地獄。
若是把自己奉獻給「你」和「你的東西」，就是天堂。心很容易迷失與犯錯，但不能為了避免自己的苦，而使他人痛苦。想為自己帶來幸福，就要為了他者的喜悅而服務奉獻，這就是愛。

神是愛

必須要以和諧、以愛去對待（他者），
因為所有一切都是神。
樹木、太陽的光芒、動物、建築物、道路也都是，
我們全部都是「那」。

愛鄰如愛己

不僅只有瑜伽，世界上所有宗教的終極教導都是
為他人獻身服務。
「請愛鄰人像愛自己一樣。」^{（註）}
一個笑容，或一句溫柔的話語都好。
面對痛苦的人們、悲傷的人們，請做會讓他們喜
悅的事。

世上有無數痛苦的人。
請以任何做得到的方式開始服務他們。
你能做到的是，除去自我中心（ego）與無知，獻
身服務。
為了消除自我中心與無知，你應該聆聽開悟者的
話語、思考並冥想其中內容。

註：馬可福音 12:31。

將死之時

問：人將死之時，處於怎麼樣的狀態是最好的呢？

請抱持著強大的信仰。
這與在床上死去或在路邊死去並無關聯。
請死在神之中。

面對死亡時

的確，在面對人的死亡時，我們都會感到寂寞空虛，不管死者是善人、或甚至是壞人。

這或許是因為我們的本質是永恆不死的，也或許因為我們知道這一點。

去服務苦於病痛的人、將死之人是最好的。

當他們是你親近的家人時，也請這樣竭盡全力地去做。

把食物送到他們口中、協助他們排泄、為他們洗澡，為了防止褥瘡有時要幫他們變換身體方向。

行動瑜伽

行動瑜伽分為幾個階段,在最低層次是有對價關係,有所付出就要求回饋;其次,是在不犧牲自己的範圍內,對他者行善;最高的層次,則是為了他者的善而犧牲自己。

所謂行動瑜伽,是由許多微小的行為累積而成。重要的是,把握住每個機會為他人服務,即使是犧牲自己也願意去做。

自己不喜歡的事情,例如打掃廁所等,很多時候也是別人討厭的事,藉由自己主動去做這些事情,一直以來的喜、惡、好、壞等觀念會開始動搖。持續去實踐的話,就能夠變得不必努力也能自然而然地去行動。「好壞」等會變得無所謂,一切變得平等,不會再去介意這些二元性差別。

為他者而行動(的重要性在於),例如大乘佛教也在教導的例子:去幫助別人,即使因此失去自己的生命,若是真的為了他人而實踐行動瑜伽,

就能逐漸消除無知或是自我中心（ego）。如此，即使這個肉體消失了，這些行為仍然能影響一百年、甚至兩百年以後的世界，就像維韋卡南達（Swami Vivekananda）一樣，希望我們都能效仿他的行動。

慈悲——普世性的情感

問 ： 沒有情感是否就沒有人性？

「沒有情感就沒有人性」，這樣的想法正是無知。
所謂的情感，是從心的煩惱裡產生的東西。
若是修行加深，情感會轉變為更大的慈悲。
那已經不能稱為個人情感了。
請把自我中心（ego）的情感昇華為普世性的情感。

試煉

直到肉體死亡以前，試煉會持續。

也許，越往前邁進，試煉就會越嚴峻。

但那是神信賴著你而賦予重任。

同時，會隨著成長，而逐漸變得能夠淡淡地處理
好困難的工作。

奉愛瑜伽（bhakti yoga）與行動瑜伽（karma yoga）

內在加深奉愛（對神的愛），與外在加深行動瑜伽（獻身服務），這兩件事並不矛盾。只要還活在這個世界上，代表「內」的心和代表「外」的世界就會存在。想要僅僅透過內在去精進行動瑜伽，是不可能的，如果沒有實際以外在行為去實踐，就沒有意義；同理，如果奉愛瑜伽是一直朝向外在，也無法成就任何事，必須要讓自己的內在只被奉愛所佔據。

無論何事，倘若不透過這個身體付諸實踐，無法成為實質。所以有該扮演的角色時，就必須優先去做，這並不代表奉愛瑜伽會退步或停滯。而且如果到達奉愛瑜伽的終極境界，一定能體會到這個世界上多樣的形體與名字、所有一切都是「唯一神的顯現」。若非如此，就不是活出真正的開悟。

換句話說，如果將奉愛限制於內心，就無法超越

心的領域。 為了防止這樣的狀況，實際上必須將這個世界全部都作為奉愛的對象。要做到這點，外在的身體不可欠缺。最重要的，因為「這個世界的一切都是神的顯現」這一點是真理，所以自己的身體與全部一切也包含在內。加深靈性修行（sādhana）的過程中，會逐漸變得能夠在自然的狀態下不被束縛、也不再執著，奉愛也會加深。所以自發性地、積極地去為他人獻身服務比什麼都重要。這絕對不僅止適用於行動瑜伽，在勝王瑜伽（rāja yoga）亦然。

最後被棄絕的是什麼呢，就是煩惱、無知、自我中心（ego）。「開悟」，絕對不是指獲得什麼能力或智慧；「開悟」，是返回完全赤裸、最初的狀態。可以用其他詞語替換稱呼**那**，例如阿特曼（Ātman）、梵（Brahman）、神或是真理，它們的內容均相同。**那**作為每個人的本質已經存在，不是重新獲得、也不是重新出現的東西，它一直在。但很棘手的是，有個所謂的摩耶（māyā），以錯誤的智慧及力量運作著，遮掩住**那**（真實），或讓我們無法了悟。所以，必須滅止心的運作，

全面地棄絕心智、或是交出心智,持續進行靈性
修行,直到成為自然。

所謂的心,是抽象的物質,充滿著念頭,以及自
過去延續下來的印記(saṃskāra)與記憶,就像是
雲一樣,看起來彷彿有形體、是物質性的狀態。
但就像雲會消散一樣,念頭與印記也會消失,因
為原本的確就是透明的狀態,所以它們一定會消
失。證據就在於,心的念頭或世界時時刻刻都在
變化著,對吧?就和雲朵一樣,形狀和顏色雖不
相同,但總是有雲。因此,必須要消除掉它們。
消除負面的煩惱、無知、自我中心是非常重要的
工程,但就心的習慣來說,當你覺得念頭「已經
消除」,這時極可能會有新的念頭出現並填滿騰
出的空間。這就是勝王瑜伽或智慧瑜伽(jñāna
yoga)的困難之處,所以取而代之要填入奉愛。

要完全靜止、滅止心智真的很困難,如果沒有超
越死亡,幾乎不可能使心變得完全透明。因此藉
由填入奉愛,就能勉強保有心智通常的活動狀態。
像這樣,逐漸用神聖之物填滿心的話,就會消除

掉非屬神聖之物，因為神聖之物擁有最終使心消滅的力量，如此一來，和真我、真理之間的矛盾會漸漸消失。羅摩克里希那（Sri Ramakrishna）教導的「要完全消除自我中心很困難，因此，把自我中心變成神的僕人吧」就是這個意思。

所謂「永恆而完美之物」，即是真我，是真正的自己，同時也是宇宙萬物的本質，只有那存在。除此之外的人事物、這個多樣性的世界，只不過是一個表象而已。只有這一點，請確實地理解並去體會，具體的實踐就是對內加深奉愛，對外積極實踐行動瑜伽。如此，就充分完成瑜伽了。

奉愛者的戀愛

小女孩曾經愛著洋娃娃。

就算有誰對她說「想跟妳借一下洋娃娃」，女孩
也不會放手。

就算商店裡擺著一樣的洋娃娃，她也不會看一眼。

但是，當女孩長大而有了人類的戀人時，就會丟
下洋娃娃。

當她愛上神的時候，可替換的戀人也會像洋娃娃
一樣被丟棄。

神的愛是不變而永恆的。

獻身服務

身體和心是工具。

請理解這二者是為了到達開悟的工具，也是為他人服務的工具。

如果修行有實際進步的話，

為了自己而對這個世界所做的行為會逐漸減少。

另一方面，為了世界、為了人們獻身服務的工作將會增加。

慈悲

眾生萬物皆為平等。

但只有人類能夠實現開悟。

即使這樣說，並不代表人類就比昆蟲優秀。

一切生物是同生共存，就像（交織的）網眼一樣。

人類是唯一可以本著慈悲去行動的生物 。

菩薩（Bodhisattva）

很高興聽到大家在實踐或至少試著實踐獻身服務。
這在瑜伽裡稱為行動瑜伽，佛教裡則稱為菩薩道。
所謂的菩薩，是指成為完全開悟之人——佛陀的
前一階段，是立下「比起期望自身的解脫，我要
拯救眾生」誓言之人。
他們認知到「尋求自身解脫」這件事本身，無非
是反映了利己之心，因此選擇了自我犧牲的道路。
在西方一定也有像這樣的聖者們。

希望大家都能成為菩薩！

第六章

冥想

瑜伽的成就

如同湖面的漣漪無法映照出月亮真正的姿態般，
我們內心的騷動掩蓋著真實。
若能透過瑜伽平息心的騷動，
真實的自我將會自己閃耀光輝。

真正的求道者／請為開悟豁出性命

很久以前，有一個尋求神的男人。

一天，他來到一位聖人的門下，提出請求：

「聖者啊，請讓我了悟神！」

聖人對他不發一語，日復一日過著相同的生活，

許多歲月就這樣流逝。

有一天，聖人如往常般到河邊沐浴，跟隨著聖人

的男人也一同去了。

突然，聖人將他的頭壓進河裡。

男人感覺快要死掉，拚命掙扎著。

就在他的痛苦快要超過極限時，聖人放開壓住男

人的手，對他說：「你想要的是什麼呢？」

男人回答：「我想要呼吸！」

聖人說：「如果你能像渴求一口氣一樣打從心底

尋求神，你就能證悟神。」

專注／請投注全部心力

「如果你像渴求一口氣那樣，全心全意尋求神的話，你就能證悟神。」

像我剛才所說的那句聖者的話那樣，您已經是了悟「神」的「靈魂」。否則，您們就是已經覺悟到「為了證悟神必須拚上性命」的真正求道者。那麼，到底是什麼妨礙了開悟呢？阻礙著你的，是煩惱；你所欠缺的，則是專注力。所謂的煩惱，是對錯誤之物有所執著，其根本性的原因在於無知。為了要消除無知及提高專注力，需要真摯的學習、認真的修行及純粹的信仰。更不用說，對真正的求道者而言，到此時必須自己先具備神聖的戒律。更進一步，必須維持強韌的身體與不屈不撓的精神。

現在，你必須投注全部心力在專注上！

因為這會變成你的冥想，最後會成就開悟。

冥想是戰鬥

冥想就是戰鬥，是心中煩惱與真理間的戰鬥。必須徹底地戰鬥，直到滅絕無知、降伏心智。可以將心與無知譬喻成硬幣的正反面，而使其成為硬幣狀態的就是普拉那（prāṇa，氣）。

只要去除掉這三者的其中之一，全部都會消失不見。

冥想的時間

必須留意冥想的對象。

了悟「我是誰」、「神是什麼」與「何謂真理」
是冥想的目的。

倘若你的心被探尋真實解答的心情所占滿,會進
入二十四小時冥想的狀態。

在你的心變得如此炙熱以前,要先學習開悟者的
話語,並訓練自己專注 。

最好的冥想時間,是最為靜謐的深夜,或是破曉
前的清晨。

心的五種狀態

我們可以經驗心的五種狀態。

1. **散漫**：躁動不安的狀態
2. **恍惚**：茫然、黯淡或不明確的狀態
3. **短暫集中**：心專注於對象上，但無法長時間維持的狀態
4. **專注於一點**：心專注於對象的狀態
5. **平靜**：心全神貫注的狀態

前三者是充滿雜念的狀態，後兩者是藉由瑜伽等方法而集中精神的狀態。

感官收攝（pratyāhāra）

心會隨著不停變動的處境動搖而不斷改變。六根，可稱為心的大門，指的是五個感覺器官與念頭（manas），它們毫無防備，很容易被外在對象吸引。所謂感官收攝，就是將各個感官從外在對象上拉回來。就像酒鬼被酒精吞噬一樣，心通常會服從於感官、受外在對象支配。感官收攝即是反轉這樣的結構，由心掌握主導權，支配感官。受（勝王瑜伽的）前四支支持，以「對開悟的熱情」這樣的心理原動力為背景，使心變得強大後，才會達到各個感官無干擾、無感覺、無興趣的中立狀態。此時，如果心理力量處於優勢，就會勝過生理影響力，但是在初步階段，要從控制物理環境開始去防止接觸（觸，sparśa），藉由限制生理環境進而限制心理印象的湧入（取，upādāna）。由於感官收攝是消極的修行方法，另一方面，必須要執行積極的修行方法，亦即苦行（tapas）。再進一步說，隨著冥想加深，感官收攝便被建立。從心理上來看，感官收攝會削弱印記（saṃskāra）

或煩惱的潛在勢力，承擔起心智控制的一部分。因為「取」與「觸」是印記、煩惱的反射，控制感官的修行方法與印記有密切關聯。因此，必須磨練我們的心，使感官控制的力量佔有優勢。

「持續練習感官控制，各感官將完全服從。」

《瑜伽經》II—55

有位釋義者這樣解說：所謂感官的服從，是指感官即使面對外在對象，也不會靠近那些對象。再者，當主觀上沒有了依戀等煩惱後，會達到一個狀態：即使接觸到聲音等對象，也不會有任何舒適或不舒適的感覺。特別是完全的服從產生時，心處於全神貫注的狀態，感官也不會接受外部知覺。當心的作用完全滅止時，感官的運作也會隨之消滅。

有個男人很熱衷於一位娼妓，頻繁地拜訪她。即使是暴風雨的夜晚，他也抓著漂流木橫渡濁流，抓著長長的藤蔓攀爬過圍牆，費盡千辛萬苦，終於抵達那位女士的家。她被男人的怪異姿態和臭

味嚇到，往外一看，發現男人以為的漂流木其實是腐爛的人類屍體，而藤蔓是一條大蛇。她對男人說——

「如果你能把對我的愛朝向神，你就會立刻了悟神了吧。」

她的這句話完全改變了男人的心。之後，男人日以繼夜專注於對神的冥想。多年後，這位男人已被視作聖者，一位美女經過他面前，他感覺到自己對女人動了心，因而剜下雙眼。他被以「盲眼聖者比瓦曼格拉（Bilvamaṅgala）」的稱號流傳後世。

這個傳說，述說著強烈的奉愛以及要掌控感官與心——印記的極為困難之處。另外也流傳著，在京都洛西高雄的神護寺裡修行的明惠上人，為了禪定而割下自己的耳朵。還有，位於甲斐（山梨縣）的惠林寺遭織田信長火攻，和尚在熊熊燃燒的烈焰中平靜說出「滅卻心頭火自涼」，這樣的境界，或許也表現了感官的最高服從。

這些先人們對開悟的高貴熱情，同時也展現了實踐感官控制時所應具備之強度。

苦行（tapas）

苦行意指「熱」。

如同金塊加熱會變成純金，當自我中心（ego）及無知等不純之物焚燒殆盡，純粹的自己會顯現。

控制心智的活動 (yogaś-citta-vṛtti-nirodhaḥ)

大家還記得《瑜伽經》裡最重要的第一章第二句的經文吧。「yogaś-citta-vṛtti-nirodhaḥ」裡的 vṛtti 意指漩渦，亦即，通常真正的意識會被捲入心智的現象之中。無論憤怒或開心，這些全部都是現象，但它們並不是真的，是憑藉某些條件形塑而成，既非永恆，亦非真實。

你必須了解，在這世上體會的經驗裡，並不存在真實。幸福的背後始終存在著不幸，喜悅的背後一直存在著痛苦。必須去辨別它們到底是否為真實。真實——只有真正的自己是唯一的實際存在。

用真實的智慧去理解一切，這就是辨別。關鍵在於這個知曉一切、看著一切的意識。

實際上，一切都是**那**，是神。我們必須變得能看見真實。這意謂不被變化的外在世界或心所束縛，**看著大海而非海浪**。因為唯有**那**是實際存在。

冥想／辨別後，請放下

所謂的冥想，在瑜伽心理學裡分成三個階段。

最初，是把心繫於特定一點或對象上的「專注」。
其次，當心專注於同一個對象上後，一心一意繼
續延長，就稱為「冥想」。最終，當心的主體性
消失，而僅僅成為客體時，就被稱為「三摩地」，
或完全地融入。

心智總是藉由煩惱、無知、自我中心（ego）所形
成的觀念而建立起主體性。對此，冥想與三摩地
是捨棄主觀，而以直覺去了解客體本質的智慧，
這是真正的智慧，完全不同於藉由學習而得到的
知識。

例如，試著對「神」冥想，就會發現伴隨著主觀，
每個人喜好的各種神或者心魔會顯現，而當主觀
消失時，才會體悟真正的神。你企盼的是什麼就
會實現什麼，無論是業（karma），或是「真理」。

因此，對真理的追求、真我的探究、或是對神的信仰和愛是不可或缺的。對於這些事情，必須真摯地學習、思考，然後冥想，在重複進行的冥想中發現真正的智慧。這份智慧會辨別沈潛於心底的煩惱、無知與自我中心是否為真實。把不真實的東西去除，這就是放下。

如此一來，全心全力所做的專注就變成冥想，冥想中產生真正的智慧，並藉此捨棄無知或自我中心。

如果徹底放下的話——
在那裡只存在「真理」吧，因為唯獨「真理」是實際存在。
在那裡只存在「神」吧，因為唯獨「神」是實際存在。
在那裡只存在「真我」吧，因為唯獨「真我」是實際存在。
你就是「那」！

死亡冥想

問：常聽到「死亡冥想」，要如何進行呢？

每個人都是先看見周遭的人或生物死亡，才進而認識何謂「死」，但實際上並不了解。所謂死亡，是指身體不再活動，但心還恐懼著死亡。專注於恐懼著的心，去做冥想。不要等到二十年後，現在，就必須面對死亡！如此一來就會了解到，是心中各式各樣對世間的執著、自我中心（ego）及無知形塑了死亡。接著，在冥想中深入，進入死亡，與其合而為一。「死」即是心的滅止。然後會了悟您真正的自己。真正的自己是絕對不會死亡的。

直接、大膽地前進

東方的靈性修行（sādhana）裡，要求弟子要「在每個瞬間死去」。更進一步甚至教導，如果進展到深層的冥想，在那遇見佛陀或菩提達摩，要「殺了他們」。就像羅摩克里希那（Sri Ramakrishna）進入到無種子三摩地（nirvikalpa samādhi）時殺了卡利女神（Kali）一樣。無論如何，在冥想中所經驗的事情，都屬於心的領域。

心的完全死亡是超越辨別的，每個人都可以體驗，因為真我本身，就是每個人的真實。

不能拘泥於儀式或方法，那些不過是權宜形式。請更直接、大膽地前進。若非如此，還在團團打轉中肉體就死去了。

只有神存在。其他的事情，請全部、全部都丟棄、放下，請為了「一」變得瘋狂。

我與真我

心智創造著一個意識上的世界。「我」無疑是真理本身,然而,當心智覺察到它(我),許多事情開始附著於此。其中最微妙的,即是自我中心(ego);其次是因記憶而有的各種執著; 接著更顯而易見的,是涉入世界的念頭。這些均由某些原因所產生(的結果),它們並非絕對條件,一切都是相對的。在梵文中稱為 upādhi,意即附加條件,您也許已經從理論上知道這件事。

冥想中,如果「我」的意識增強,請你要更加往深處前進,也就是去看「到達了誰?」、「位於抵達之處的是誰?」冥想中或許會感覺到也是一樣的「我」。但如果繼續探求,只有「我」會被留下。隨著時間經過,呼吸會停止,然後真正的自己會顯現。請一次又一次地去嘗試,讓你不會再被這個世界裡經驗的紛擾奪取注意力、不會再執著。

單純來說，必須去探求「真實為何」。所謂真實，就是「實際存在」。在這個世界的經驗之中，並不存在「實際存在」。如果能理解這點，就能不執著於那些人事物。即使看見自己心的內在層面，在自我中心或無知之中仍然不存在「實際存在」。唯一的線索是「我」，那是連接至「實際存在」的通道。對這世上之事，無執著而適當地去執行即可。

真我的探求

請在靜謐的時刻中持續冥想。

還有，在入睡前請盡可能安靜地度過。

因為，開悟會突然就發生。

真的，「那」現在就存在於此處。

請預先消除掉妨礙開悟實現之物——心中的執著。

讓自己準備好，即使在下個瞬間死去也無妨。

消除掉一切附著在「我─意識」上的念頭，

使「我─意識」孤立。

然後，請持續探求「我是誰」。

冥想會在三摩地之中消失。

三摩地

當你從冥想中醒來時，可以藉由對時間的知覺去推測自己有多深入冥想。有覺得自己有很深的專注、做了很長時間的冥想，結果只過了十分鐘的情形；相反地，也有感覺明明剛進入專注，結果從冥想中醒來，已經過了一個小時的情形。可以說，前者是專注，後者是冥想。在冥想之中，會感覺到時間幾乎消失了。進而會從冥想進入三摩地，此時，時間的觀念會完全不見。從三摩地醒過來時，連自己剛才做了幾個小時的冥想都不會在意了，因為三摩地本身贈與了心一份確實的禮物。

三摩地必定會到來，請別認為它是只存在於聖典中的傳說。要很有熱忱，只有這點是必要的。為了充分準備好，必須學習真理，並只尋求「那」。如果專注在「自己是什麼、是誰」或「作為完美存在的神」的其中一項，存在於心中的其餘之物都會被去除。

請好好學習開悟者所說有關「生命」的教導。進一步，請不要忘記這些開悟者們和我們完全一樣，都曾有過肉身。為了戰勝名為無知和自我中心（ego）的敵人，這些具體的實際案例是我們最強而有力的夥伴，是我們的武器。學習、思考、然後冥想，如此你們就會實現真理。

冥想與心

隨著冥想的進步，一定會感覺到像是層層剝開洋
蔥一樣吧。

所謂的心，其實非常像一層一層被剝去的洋蔥。

最後什麼都不會留下。

這就是被稱為「空」或「無」的狀態，又名為「涅
槃（Nirvāṇa）」。

開悟／自我實現或神人合一

我是。

絕對的存在、意識。

只有那才是真實的實際存在。

就像大家從睡眠中醒過來時,都會對夢裡忽喜忽
憂的自己付之一笑那樣,只要醒悟了真實的實際
存在,就會了解到曾經以為是現實的世界,其實
也是虛幻。

所謂的開悟,即是覺醒真正的自己——絕對不朽
的存在、純粹的意識。

第七章

一如

不二

至高的真實沒有名字也沒有形體，只是存在而已。
只有那是真正的存在，是真我，是所謂的「神」。
「一」顯現為一切萬物。
請在不二的寂靜之中歡喜地嬉戲。

維摩詰的沈默

維摩詰即使作為在家居士，仍到達偉大的開悟。
他的名聲遍佈佛門弟子之間。

有天，來了一個消息說維摩詰居士生病了。弟子
們想著必須去探病，但因為他們平時都受到維摩
詰鋒利尖銳的指導，大家心生膽怯，沒有人自願。
因此，他們公推最有智慧的文殊菩薩走在前面，
一起去拜訪。抵達以後，維摩詰卻非常健康，原
來裝病是他為了傳道說法的權宜手段。幾個人進
入就會塞滿的小小的房間裡，竟然容納了所有為
了傾聽教導聚集而來的大批弟子眾生。維摩詰說
法了：

「人們認為有我，所以執著於我所有之物。然而，
因為本來我即不存在，理應不存在我所有之物。
理解我和我所有之物並不存在，然後了悟真理——
不存在不同之物。潔淨與不淨、善與惡、幸與不
幸、束縛與自由，它們各自都不是不同之物，只
不過是隨著人心的判斷而製造出來的。例如，就

像蓮花不會生長在乾淨的高原或陸地上，反而綻
放於污泥之中，並不是遠離迷惘就會產生開悟，
從錯誤的想法和迷惘之中會產生佛法種子。因此，
無論有無，無論迷惘或證悟，無論屬實或不實，
無論正邪，實際上並不存在兩個相反之物，在真
實的姿態裡無法述說、展示或知曉。遠離這樣的
話語和判斷後，才能夠了悟真實的空。」

然後他沈默了。

維摩詰藉由沈默教導了真理。

開悟者與白痴

如果開悟了，就不會再為任何東西煩惱。

開悟超越善惡。

這是真實的善。

具有神性。

開悟者與白痴非常相似。

只有兩者中間的人使用頭腦而痛苦。

開悟者與白痴，兩者總是空空的。

因為只有他們不想著神。

自由

無論心執著於何物，你都被束縛著。簡單來說，這就像手裡抓著什麼一樣，當心抓著什麼，就是不自由，因為被抓著的東西給束縛住了。

這個世界上的經驗，就像是去抓住一個又一個的東西。一個幸福接著下個幸福，然後又下個幸福……這完全不自由。因此，放下執著吧——自由，這才是自由，是心原本的狀態。如此，對於這世界上的事情，就能夠在必要的時機做必要的事，因為沒有執著，接下來就能做得到各種事情。所以不能抓住任何東西。「我（ego）」和「我的東西」是不存在的，這是自由，對於心來說也是自由，這是本即開悟的自由，是真正的自己的自由。真我本來就是自由的。所有一切都是心的獨角戲而已。不過，如果沒有品嘗過痛苦或不自由，或許就不會追求自由了吧。這意指著，人生的一切都是學習。真正重要的是，是否能正確地學習、能否實現自由。因此，必須尋求正確的教導和正確的上師（guru）。

無所有

過去的聖者們是因為做到棄絕而成為聖者。心一直抓著些什麼，就像手上一直握著什麼。即使放開其中一樣，馬上又會抓取下一樣，例如網球拍或高爾夫球桿。「所有」總是不自由的，自由是不拿著任何東西，如此，隨時都能握住球拍或球桿。所以要消除拘束或執著，不再擁有，這就是遊戲。空空的手即象徵著自由。

孩子的遊戲——自由

大人玩遊戲的結果是痛苦，因為大人執著於該結果。但是小孩不執著於遊戲的結果，因為小孩是「為了遊戲而遊戲」。

大人談戀愛，還愛著對方時，會付出努力想讓對方幸福，但是這樣的狀態卻未必能一直持續下去。有時會失去那份愛，到了那樣的時刻，可能會憎恨對方。這是失去所愛的痛苦。心變成了所愛之人的奴隸。小孩不會這樣，他們不會拘泥於結果上。

阿特曼 （Ātman）

曾經只有阿特曼存在。阿特曼是純粹的存在，是
永恆的存在、真實，只有它存在。阿特曼為了享
受歡樂，而把自己一分為二，從中誕生了男女，
誕生了萬物。為什麼我們存在於地球上？這個疑
問是非常重要的，因為這是在探問「我們是誰」。
真正的我是誰呢？倘若我們在這個世界上只追逐
物質性的成功或幸福，就是把自己置於心所盼望
之物的支配下。是的，這樣就會沒有了我，而成
為奴隸。這個世界的經驗，在幸福的背後有不幸，
在成功的背後有失敗，所有一切，無論善惡，全
部都是同一件事物的表裡而已。

我們必須找到真實為何。我並不會因幸福或不幸
而改變。如果能正確理解二元性，就不會再被捲
入、不會再隸屬於它們。這些經驗，也就是這個
世界上的現象，不管是帶給我們喜悅或是痛苦，
（我們）都不再被捲入其中，因為所謂的自己就
是知道這一切、單純看著的純粹意識，也就是最

剛開始提到的阿特曼。總之，我們大家都是阿特曼。所謂的阿特曼即是真實，是普世性的。我們存在於地球上的理由並非為了受苦，並非為了沈溺於幸福，只是為了遊戲而已——為了享受歡樂。

真實之眼

我們如果用心智去看（世界），這個世界是多樣的。
然而，若是以真實之眼去看（世界），
世界是一。

神的遊戲（Līlā）

「這個世界，是唯一存在的『神』自己的喜悅遊戲」——這稱為 līlā。當心還認為自己是主角的時候，就會產生煩惱或痛苦；但是，當了悟到真正的主人不是心，而是那一個只是看著、知道著的純粹意識後，心會從自己製造出的苦惱中解放，然後成為真正主人的稱職僕人，或是工具。此時這個世界變成（快樂的）遊戲。在了解到這個真實以前，心只是在演著獨角戲而已。

全部是一

「真理」，由古今中外的聖者、賢哲、預言者們
以各式各樣的言語述說至今。

有位年輕人歷經漫長旅途後，回到戀人等待的住處。

他敲了門。

裡面傳來女人的聲音詢問：「您是哪位呢？」

他回答：「是我。」

門沒有被打開。

他再次敲門。

她問：「您是哪位呢？」

他回答：「戀人啊，是我啊。」

門仍然緊閉著。

他敲了敲門。

她詢問：「您是哪位呢？」

他說：「我是你。」

然後門扉開啟了，

她迎接他進門，兩人擁抱。

這是大家所熟知的波斯古老詩歌的一節。

神的詩人寫下的這段美麗詩句撼動了我們的靈魂，它充滿了甜美的愛，這份愛即是與永恆的戀人「神」合一的靈感與祝福。

在這段詩句裡，年輕人意指著「靈魂」，他經歷著輪迴轉世的漫長旅程，亦即象徵著我們自己。

戀人則意指「神」，或是「真正的自己」。

「神」、「真正的自己」、「真理」就隱藏在我們心中深處。我們必須去敲擊心門。然後如果不是回答「是我」，而是「是你」，她馬上就會開門、擁你入懷了吧。

不管怎麼稱呼或用什麼方式表現，那就是「一」。

實際上「那」超越了一切語言，甚至超越「神」這個詞彙！

這是瑜伽行者、蘇菲教徒或其他開悟者們的真正的開悟。

「那」現在就存在於此處。

「那」一直存在於任何地方。

只有「那」存在。

「那」是真正的你自己！

對世界與人類的善

問：Shri Mahayogi 您自身對世界懷有什麼願望嗎？

如有更多的人能追尋開悟並實現開悟，就是對世界與人類最好的一件事。

謝辭

Satguru Shri Mahayogi Paramahansa 給予我們出版此書的機會，親身設計本書封面，並提供許多寶貴建議，在此向上師獻上無盡的感謝。

紐約 Mahayogi Yoga Mission 的 Shri Anandamali 忠實地記錄下許多上師珍貴的教導，在此向她偉大的工作獻上至深的感謝。

於編譯此書時，日本及紐約兩地的前輩均給予台灣摩訶瑜伽行者真理實踐會許多協助，在此向他們獻上至深的感謝。

願更多的人能夠接觸此永恆聖音，並覺醒於自己的神聖本質。

OM TAT SAT

——神是真實存在——

梵文發音規則

a   像是 sun 的 u

ā   像是 father 的 a

i   像是 live 的 i

ī   像是 free 的 ee

u   像是 full 的 u

ū   像是 moon 的 oo

ṛ   像是 Christian 的 ri

e   像是 bless 的 e

o   像是 hope 的 o

ai   像是 light 的 igh

au   像是 now 的 ow

c   像是 church 的 ch

th,ṭh   像是 Thames 的 th

ś,ṣ   像是 shine 的 sh

ṅ,ṇ,ṃ   像是 n 的聲音

ñ   像是 canyon 的 ny

jñ   像是 canyon 的 ny，
                輕輕的、幾乎無聲的 g 在 ny 前面

ḥ   建議加上前面的母音，
                例如 aḥ 的聲音像是 aha

音譯中出現的其他輔音，可以像英語一樣發音。

209

MAHAYOGI MISSION TAIWAN 簡介

認識真正的瑜伽

瑜伽（Yoga），在印度從幾千年的古老時代傳承至今，是為了了悟永恆真理的道路。

然而，瑜伽並不只屬於印度，也不屬於特定的人。不分國籍、種族、階級、宗教，無論在任何環境，即使是在我們身處的現代社會、即使擁有家庭、一邊做著工作，都能夠實現瑜伽的道路。

瑜伽的目的，是去發現我們存在的真正意義。藉由瑜伽的實踐，讓心變得平靜，會為我們日常生活帶來和諧與平安。

我們的本質，即是真實。它平等地存在於每個人之中，這份真實非常純淨無垢，是無限的喜悅、永恆的存在——所有的聖者們、真理教導紀錄裡，都是如此說著。Mahayogi Mission（MYM），致力於廣為揭示這份真實，並以真實顯現於所有人之內為目標。

認識 MYM 日本、紐約

1976年，Shri Mahayogi Paramahansa開放京都自宅，設立摩訶瑜伽行者瑜伽修道院（Mahayogi Yoga Ashrama）以來，持續闡述普世真理，引導了眾多的人們。

1996年，為回應弟子們強烈熱切的期望，Shri Mahayogi 造訪了紐約，那裡有許多純粹的靈魂們碰觸到上師的神性，覺醒於真實的教導與瑜伽。同年，在日本及紐約設立了 Mahayogi Yoga Mission，主要活動有：舉行體位法、冥想、奉愛唱誦等課程，以及發行刊物、出版瑜伽教導書籍。

MYM 與台灣的機緣

MYM 與台灣的美好緣分，始於 2013 年 Prasadini 第一次在紐約遇見 Shri Mahayogi。她回台灣後，2014 年 9 月開始在台灣帶領體位法課程，緩慢但陸續有新成員加入學習的行列，漸漸聚集了一小群對真理有興趣的夥伴，終於在 2017 年 5 月第一次邀請 Shri Mahayogi 訪台。上師的慈悲與愛柔軟了我們堅硬的心殼，溫暖而富含智慧的話語指引

我們走出無知的迷霧。其後，我們又有幸再度邀請 Shri Mahayogi 來台數次。

為了持續推廣 Shri Mahayogi 的教導，並持續邀請 Shri Mahayogi 及資深前輩來台授課，台灣開始籌備成立正式的團體。2019 年 11 月底，在京都取得 Shri Mahayogi 的許可與祝福後，台灣的弟子們開始積極地為申請成立社團法人做各種準備。終於，在 2020 年中，「社團法人台灣摩訶瑜伽行者真理實踐會（Mahayogi Mission Taiwan）」順利成立。

我們期許，不僅個人努力實踐往真實靠近，也要為所有人類都能覺醒於真實而積極行動！

Om Tat Sat, Om！

MYM 歷程年表

1976 摩訶瑜伽行者瑜伽修道院（Mahayogi Yoga Ashrama）於京都成立

1996 Shri Mahayogi 造訪紐約
Mahayogi Yoga Mission 於日本及紐約成立

2005 紀錄片 In The Cave With The Master DVD 發行
（2017 年發行中文字幕本）

2011 圖解瑜伽體位法 日文及英文版 出版
（2017 年發行中文版）

2014 台北體位法團練開始

2015 資深前輩 Mirabai 首次來台開課

2016 聖愛修道院（Prema Ashrama）於京都成立
日本成立宗教法人 Mahayogi Mission

2017 永恆的真實：神性示現慶典 初次於京都舉行
Shri Mahayogi 初次訪台，舉辦四場真理問答

2018 Mirabai 首次於台中開課
台中體位法團練開始

2020　社團法人台灣摩訶瑜伽行者真理實踐會
　　　　（Mahayogi Mission Taiwan）成立
2021　永恆的真實：神性示現慶典 暨 MYM45 週年
　　　　慶祝會 於線上舉行

MYM 出版品

英文
The Universal Gospel of Yoga
Satori-Awakening
Seeking Truth: Memoirs of a Yogini
Yoga Asana Basic (Illustrated Guide Sheet)
Pranavadipa (Monthly Online Study Material)

日文
マハーヨーギーの眞理のことば
ヨーガの福音
眞実を求めて―あるヨーギニーの手記
ヨーガの料理 さまらさの台所
悟り (絕版)
プラナヴァ・サーラ (絕版)
パラマハンサ - 会員機関誌 (2021.5 改版爲線上期刊)

西班牙文
El Evangelio Universal del Yoga

中文
瑜伽的福音
圖解 瑜伽・體位法 基礎篇
理想人類生活指南──生命的價值
理想人類生活指南──什麼樣的眼光都沒有
理想人類生活指南──真正的力量
至高白鳥 (會員期刊)

DVD
與上師在洞穴裡的日子 In The Cave With The Master
(英文字幕，另售有中文字幕本)

MYM 網站&部落格

網站

京都　mahayogi.org
紐約　mahayogiyogamission.org
台灣　mahayogitw.org

部落格

京都　ブログ ヨーガを生きる｜ www.mahayogi.org/blog
紐約　**Project Sahasrara** ｜ mahayogi.org/sahasrara
台灣　**瑜伽的目的，在於實現真實**｜ taiwanyogasangha.blogspot.tw

瑜伽的福音

Satguru Shri Mahayogi Paramahansa 的教導

作　　者　　Satguru Shri Mahayogi Paramahansa
編　　譯　　瑜伽行者學苑

出　　版　　社團法人台灣摩訶瑜伽行者真理實踐會
地　　址　　106073 台北市大安區復興南路一段 209 號 4 樓
網　　址　　mahayogitw.org
信　　箱　　mymtw.info@gmail.com

印　　刷　　宣威印刷設計有限公司

代理經銷　　白象文化事業有限公司
地　　址　　401 台中市東區和平街 228 巷 44 號
電　　話　　04-22208589

ISBN　　　978-986-99626-3-6
初版一刷　　2022 年 11 月
定　　價　　NT$500

台灣摩訶瑜伽行者真理實踐會

FB　　｜　瑜伽行者學苑
IG　　｜　瑜伽行者學苑
BLOG　｜　瑜伽的目的，在於實現真實
WEB　 ｜　mahayogitw.org
LINE　｜　@mymtaiwan
Email ｜　mymtw.info@gmail.com

國家圖書館出版品預行編目 (CIP) 資料

瑜伽的福音：Satguru Shri Mahayogi Paramahansa 的教導
Satguru Shri Mahayogi Paramahansa 作；瑜伽行者學苑編譯，譯自：
(英文版) The Universal Gospel of Yoga : the words of Satguru Shri Mahayogi Paramahansa
(日文版) ヨーガの福音：サットグル・シュリー・マハーヨーギー・パラマハンサの教え

初版 _ 臺北市 _ 社團法人台灣摩訶瑜伽行者真理實踐會 ｜ 2022.11 ｜ 224 面 _11.5 × 16.7 公分
ISBN 978-986-99626-3-6（平裝） ｜ 1.CST：靈修　2.CST：瑜伽 ｜ 192.1_111015613